München Munich Munich

Mün

Fotos Siegfried Himmer

Texte Willi Daume
      Levin von Gumppenberg
      Erich Kästner
      Rudolf Mühlfenzl
      Eugen Roth
      Herbert Schneider
      Siegfried Sommer
      Werner Zellner

Herausgegeben von Hans Weitpert

Belser Verlag
Stuttgart Berlin München

Sonderausgabe für
Harbeke Verlagsgesellschaft,
8000 München 40
1978

© 1972 Neuausgabe 1976, 1978
Chr. Belser Verlag Stuttgart
Alle Rechte vorbehalten

Texte zu den Bildern: Werner Zellner
Übersetzung der Texte ins Französische von F. Haist,
ins Englische von BOTS Bayerischer Übersetzungsdienst

Gestaltung: Hermann Kießling

Printed in Italy

CIP-Kurztitelaufnahme der Deutschen Bibliothek

München / Fotos: Siegfried Himmer. Texte: Willi
Daume . . . Hrsg. von Hans Weitpert. – Neuausg. –
Stuttgart, Berlin, München: Belser 1976.

ISBN 3-7630-1169-2

NE: Weitpert, Hans (Hrsg.); Daume, Willi (Mitarb.);
Himmer, Siegfried (Fotogr.).

Kleiner Liebesbrief an München

Liebeserklärungen, noch dazu in brief= licher Form, waren, wenn ich's recht bedenke, nicht eigentlich meine starke Seite. Und an diesem wahrscheinlich angeborenen reser= vierten Benehmen dürfte sich wohl nichts mehr ändern. Man kommt ja schließlich nicht nur in die Jahre, sondern auch in die Jahrzehnte, und so fallen einem der ob= ligatorische Kniefall und der Jubelruf „Ich liebe dich!" immer schwerer. Besonders beim Kniefall hapert es neuerdings ein wenig. Aber das liegt nicht am Nachlassen der Zuneigung, sondern am Ischias.

Und noch etwas bitte ich den ge= neigten Leser mit= und nachfühlend zu berücksichtigen: München und ich haben im verflossenen Sommer und selbst= redend in aller Stille, unsere Silberne Hochzeit gefeiert! Für eine mehr als achthundert Jahre alte Stadt ist eine Zeitspanne von fünfundzwanzig Jahren des Zusammenlebens, allenfalls so

etwas wie ein Flirt. Für den seiner= zeit aus Dresden über Berlin zuge= reisten „Hochzeiter" liegen die Dinge ein wenig anders. Er ließe es, ohne mit der Wimper zu zucken, sogar noch auf die Goldene Hochzeit an= kommen.

Doch ein Blick auf den Kalender belehrt ihn eines Besseren. Eines Bes= seren: Die kleine Gedenkfeier wird wohl ohne ihn stattfinden müssen. Immerhin, er wird, von sehr weit oben, mit einem Opernglas bewaffnet, dabeisein.

*

Eigentlich sollte es, an München adressiert, ein kleiner Liebesbrief werden. Aber vielleicht ist es trotz= dem einer geworden.

Erich Kästner

München ist reich an Wahrzeichen. Je nach Lust und Laune und ganz persönlichem Gusto wählen sich die Münchner und ihre Freunde über die massige Frauenkirche hinaus häufig ein anderes historisches Baudenkmal, wie zum Beispiel den Turm des neugotischen Rathauses oder die Mariensäule im Herzen der Stadt.

Munich est riche en symboles. Tout à leur gré et suivant leur prédilection personnelle, les Munichois et leurs amis choisissent souvent, au-delà de la Frauenkirche massive, un autre monument historique, comme par exemple la tour de l'Hôtel de ville néogotique ou la colonne de Marie à la place du même nom.

Munich has many landmarks. Just as they like for themselves, the inhabitants and their friends choose either the massive Frauenkirche, or some other historic monument of architecture, as for example the tower of the city hall in neogothic style or the column of Mary standing at the Marienplatz in the midst of the city.

Siegfried Sommer

München
muß man mögen

Es ist schon ein arger Jammer, daß sich auf München gar nichts Rechtes reimt. Wie haben's da doch die anderen Städte leichter. „Nach Wien, da zieht's mich hin" schwärmen die Text- und Schlagerdichter oder sie fordern forsch: „Komm doch ein bißchen mit nach Madrid." Doch auf München paßt halt höchstens noch das Wörtchen „tünchen" und das heißt hierzulande leider „weißeln". Wovon wiederum nur der schöne bodenständige Spruch abgeleitet ist: „Unser Herrgott wird's schon weißeln – zwei Zimmer und die Küch'".

Vielleicht haben es deshalb manche Leute auch gar so schwer, sich einen passenden Vers auf die Stadt München zu machen. Die Schlimmsten von ihnen behaupten dabei von den Einwohnern Münchens gleich gar: „Die sind entweder grantig oder besoffen." Ein Argument, auf das die Ureinwohner vielleicht mit ihrer angeborenen Dreiquartel-Logik antworten würden: „De hom scho recht. Und wer recht hat, zahlt a Maß." Immerhin haben die Münchner aber wenigstens in den paar nüchternen Augenblicken noch schnell das Deutsche Museum erbaut, die Bavaria gegossen, das Fernrohr erfunden und drei bis vier Nobelpreise in Empfang genommen. Eine solch herbe Kritik darf sich deshalb hierzulande höchstens noch ein echter Münchner selber erlauben. Von denen es aber nachgewiesenermaßen bald nur mehr so wenige geben wird, wie Riesenwarane auf den Galapagos-Inseln.

Die meisten der Traveler, Sportfreunde, Gastarbeiter, Globetrotter und Pauschalreisenden sind sich dagegen einig: „München muß man mögen". Die Stadt, in der einst der romantische Wedekind und der berühmte Nasenkönig Ringelnatz durch die gelben Gaslaternen-Gassen gingen, die barfüßige Gräfin Reventlow – die Geißel von Schwabylon – durch Wahnmoching geisterte. Wo isarabwärts in dem Dschungel des Hochwasser-Flußbettes Thomas Mann mit seinem Hund „Bauschan" herumstreunte und seinen geliebten Schweifwedler mit halbfetten Gedankensplittern fütterte. Und wo in einer stillen Dachstube Mozart seine Quintette schrieb, während ein paar Kilometer nordwärts und ein Jahrhundert später der magere Lenin in einem Schwabinger Hinterzimmer sein Manifest verfaßte. In dieser Welt, in der die Studenten ihren König wegen einer langhaarigen Zirkusreiterin zur Abdankung zwangen und ihm nachher noch den Spottvers auf den Balkon hinaufsangen: „Keine aber so konnte es, so wie die Lola Montez." Wo Gustav Adolf hauste, später dann die schwarze Pest und noch später die braune ihre Opfer forderte. Während ein unbekannter Taglöhner namens Adelmann außen auf die Mariahilfkirche hinaufkraxelte und droben auf dem Kreuz weithin schallend eine Protestrede hielt, weil ihn nämlich die Feuerwehr mit der Begründung nicht angestellt hatte, er wäre nicht schwindelfrei. Wo Buffalo Bill mit einem Bayernherzog ein

Wettschießen auf der Theresienwiese abhielt und die Lollobrigida im Hofbräuhaus den alten Märchenspruch „Siebene auf einen Streich" dahingehend auslegte, daß sie fast ohne anzustoßen sieben Weißwürste verschluckte. Diese Stadt muß man doch irgendwie mögen. Und was sagt ein gestrenger Kritiker wohl dazu, daß ein Münchner Regiment zwar mit dem blanken Messer einen in die Geschichte eingegangenen Höhenzug in Frankreich erstürmte, daß sich aber der Kaiser gleichzeitig beschwerte, warum denn die Bayern gar keine Meinung von so einem Feldzug hätten. Worauf er von einem weiß-blauen Marschall die Antwort bekam: „Ja, wissen Sie, Majestät, meinen Münchnern sind halt die Maß-Kriag lieber wie die Welt-Kriag."

Nun, Fremder oder Freund, der du schon einmal in diese seltsame Kolonie, die man auch den „widerspenstigen Freistaat" nennt, verschlagen wirst und der du seine Hauptstadt, die wiederum „die heimliche Geliebte Europas" heißt, kennenlernen willst, schau sie dir zuerst einmal von oben aus an. Von dem gemütlichen Turmzimmer der Frauenkirche oder auch von der Plattform des fast 300 Meter hohen Olympiaturmes, der wie ein Zeigefinger in den Himmel ragt, als wollte er stolz vermelden: „Hic Rhodus, hic salta." Mit etwas dichterischer Freiheit: „Hier ist München, hier werden sie springen." Da schaut man also hinunter auf die rothaarigen Häuserköpfe der nahen City und in die Asphaltschluchten mit dem lächerlichen Gekrabbel der Automobile, die wie Läuse über die Straßenscheitel ziehen. Und langsam beginnt man sich zu orientieren. Das silbern blinkende Rinnsal, das aus dem Süden kommt, ist demnach die vielbesungene grüne Isar. Aber aus der Vogelperspektive schaut sie halt bloß aus, wie wenn einer der riesigen Berge, aus dem sie kommt, undicht geworden wäre. Und so schlängelt sie sich durch die Landschaft und die Stadt hindurch, als wollte sie ihre Umgebung dauernd fragen: „Bittschön, wo geht's denn da nach Deggendorf? Dort muß ich nämlich schleunigst in die Donau münden." Weht der vielgelästerte Südwind, der Föhn, über das bayerische Land, so könnte so ein Turmkraxler direkt meinen, er bräuchte sein Taschenmesser oder seine neugierige Nase nur direkt am nahen Gebirge zu wetzen. Dann möchte er wohl am liebsten den Bergen auch noch kameradschaftlich den grauen Buckel tätscheln.

Und der Geländekundige kann dabei auch ganz genau jenen dunklen Elefantenrücken erkennen, von dem der schöne Münchner Schüttelreim herstammt: „I gang so gern auf 'd Kampenwand, wann i mit meiner Wampen kannt."

Die Stadt selber jedoch schaut für denjenigen, der ein bißchen Phantasie hat, irgendwie wie ein Bilderbuchherz aus. So, wie man sie noch in den alten Poesiealben findet mit der Unterschrift „Ewig dein". Unweit der großen Münchner Karussellprärie, der Theresienwiese,

entdeckt der Höhenlüftler auch das stilisierte rote Andachtshaus, das manche Leute wegen seiner Bauweise gern „Martin Luthers Achterbahn" nennen. Weiter links drüben davon hält der Friedensengel, der goldene Optimist, in schöner Beharrlichkeit, doch mit eingeschlafenem Bronzearm, seinen Palmenzweig in den blauen Seidenhimmel. Sicher ist er längst Weltrekord-Inhaber im Dauermahnen. Im Norden pafft der Münchner Leuchtgas-Vesuv, der Moosacher Gaskessel, gemächlich kleine Dampfkringeln in die Luft. Und fünf Daumenlängen links von ihm steht Bayerns erzene Buntmetallgroßmutter, die Bavaria, in deren Kopf für ganz besonders gemütliche Ausguckfreunde sogar ein kleines Kanapee untergebracht ist. Und der geliebte Monopteros-Hügel, der „Monte Rendezvous", wie diese künstliche Bodenerhebung im Englischen Garten heißt, ragt aus dem blaßgrünen Blättermeer nur so lächerlich wie ein winziger Pubertätspickel heraus. Zum Greifen nah sind die Zeiger des Alten Peters, jener ehrwürdigen Münchner Kirche, die seltsamerweise acht Zifferblätter besitzt. Niemand wußte so recht warum, bis Karl Valentin endlich auch dieses Geheimnis ergründete und seiner staunenden Mitwelt erklärte: Die acht Zifferblätter wären deshalb da, damit mehrere Leute gleichzeitig auf die Uhr schauen könnten. Wobei die unteren vier für kleinere Menschen bestimmt seien. Und dann überraschen den Betrachter womöglich gerade die elf hellen Klänge der Rathausuhr, die gleichzeitig das tägliche Glockenspiel einläuten. Mechanisch klappen dann am Marienplatz die Köpfe von vielen hundert Neugierigen zurück. Und sie öffnen lautlos den Mund wie bei einer Schluckimpfung. Schlitzverschlüsse klicken leise und viele Kameras surren wie singende Spätherbst-Mücken. Bunt ist jedesmal die Völkerschaft und gemischt wie bei dem bekannten Bauvorhaben zu Babylon. Und sie starren alle zum Turm hinauf, zum Karussell der großen Kinder. Inderinnen sind darunter mit dem schwarzen Konfetti-Mal des Adels auf schönen Stirnen, kleine Kinder aus Schottland, die zögernd ihre verirrten Finger aus dem Schnuppernäschen nehmen, lächelnde Japaner, Iren mit roten Knien, sanftlockige Griechen und ältere Amerikanerinnen mit starren Rubinstein-Gesichtern. Wenn das erste „Klingeling" heruntertröpfelt, machen die meisten den Mund noch ein bißchen weiter auf, als wollten sie mit den herabfallenden Tönen ein bißchen gurgeln. Andere zeigen auch nur grimmig ihre Zähne. Doch das Münchner Kindl ganz hoch oben auf der Spitze hat keine Angst, gebissen zu werden.

Nach „eleven o'clock" in München, der klassischen Zeit der Weißwurst und der sonstigen Brotzeit-Schmankerl, geht es rund um das feuchte Herz von München und den „Stammtisch aller Völker", dem Hofbräuhaus, besonders lebhaft zu. Jeder halbwegs gebildete Münchner Tourist weiß heute schon, was ein Schmankerl ist, nämlich ein Fleiß-Billet für

den Magen. Zum Hungrigbleiben zuviel und zum Sattwerden zu wenig. Leider verschwinden diese zwischenzeitlichen Leckerbissen selbst in der Hauptstadt der Lebensfreude immer mehr. Obwohl hier immer noch die altbayerische Lebensweisheit gilt: „Beim Arbeiten soll man frieren, beim Beten schlafen und beim Essen schwitzen." Doch im „Bratwurst-Herzerl" in der Nähe des Viktualienmarktes, im „Markthof", im „Blauen Bock", beim „Haxnbauer" oder beim „Räucher-Onkel" kriegt man auch in unseren Tagen noch sein „Magentratzerl". Vielleicht sogar eine Schweinskron, eine Milzwurst in der Brotsuppe, ein saures Bries auf dem Holzteller, ein kleines Pichelsteiner oder ein Kesselfleisch. Sicher aber eine Lunge mit Knödl, ein Beuscherl und das sogenannte „Beamten-Ripperl", den Leberkäs, in dem sich natürlich ebensowenig eine Leber befindet wie eine Königin in einer Königin-Suppe.

Eine der berühmtesten Brotzeitinseln war schon immer das „Nürnberger Bratwurst-Glöckl" im Schatten des mächtigen Doms, in das der gehobene und gelernte Brotzeitmacher fast mit der gleichen stillen Ehrfurcht eintritt wie in die weihevolle Kühle der Frauenkirche. 170 Jahre lang werden hier die Hungrigen von riegelsamen Wirtsleuten mit allen Leckerbissen der weiß-blauen Welt bereits bekocht und die Durstigen mit der „Suppe vom Faß" gelabt. Und das alles von ein und derselben Bierschlegel-Dynastie, und zwar mit wirklich angemessenem „Schanknutzen".

Die eigentliche Tränke des Abendlandes aber ist und bleibt doch das Münchner Hofbräuhaus, das nach einer halbamtlichen Umfrage bekannter ist als das Ulmer Münster und das Straßburger Münster zusammen. Josephine Baker, der Zeitungskönig Hearst und auch der schwarze Superathlet Jesse Owens haben hier gleichermaßen begeistert den „hohlen Stein" gehoben. Auch „Adolf, der Tausendjährige" hatte eine Zeitlang sein Hauptquartier im Hofbräuhaus aufgeschlagen. Und einmal schoß er ganz genau so wie im Bürgerbräukeller in überschäumendem Heldentum in die schöne gebeizte Holzdecke. Was ein pfiffiger Hausmeister nach dem zweiten Krieg dazu ausnutzte, den Stuhl, auf dem der Verführer damals gesessen hatte, über ein Dutzend Mal an souvenirhungrige Amis gegen Chesterfield und Lucky Strike zu vertauschen. Warum das flüssige Brot aber „da drunt am Platzl" gar so besonders gut ist, erklärte der berühmte Kapellmeister Sulzbeck, ein vielgeliebter Musikant der guten alten Zeit, so: Weil er selber nämlich vom Napoleon persönlich für seine schönen Weisen einmal einen fünfkarätigen Brillanten geschenkt bekommen habe, und der sei ihm eben aus Versehen in den Sudkessel gefallen und mitverkocht worden. Eine weitere Hochburg der Münchner Bierseligkeit ist ferner der „Monte Nockher", der Nockherberg, mit seiner weltbekannten Salvator-Quelle. Jenes bittersüße Gebräu, von dem die ganz alten Münchner immer

◁ Das berühmte
Stadtpanorama
Münchens, über
dem sich an
Föhntagen die
Kette der Alpen
klar abzeichnet.
Von rechts nach
links: Frauen-
kirche, Theatiner-
kirche, Ludwigs-
kirche, Rathaus
und Alter Peter.
Im Vordergrund
das Siegestor und
die Ludwigstraße.

Le célèbre pano-
rama de la ville
de Munich au-
dessus duquel se
profile nettement,
les jours de föhn,
la chaîne des
Alpes. De droite à
gauche: l'église
Notre-Dame,
l'église des
Théatins, l'église
Saint-Louis,
l'Hôtel de ville et
le Vieux Pierre. Au
premier plan: la
Porte de la Victoire
et la Ludwig-
straße.

The famous city
skyline of Munich,
on Foehn days
outlined by the
Alps. Right to left:
Frauenkirche,
Theatinerkirche,
Ludwigskirche,
town hall, and
"Old Peter". In the
foreground: the
Siegestor and
Ludwigstraße.

wieder behaupten: „Da Salvator is hoid des oanzige Gmias, des wo i no beiß'n ko." Und begeistert schrieb ein ehemaliger Oberbürgermeister der Stadt in das aufgelegte Gipfelbuch: „Gott erhalte meinen Durscht, alles and're is mir wurscht." Während ein bayerischer Innenminister durch das Starkbier gleich gar zu dem sehr populär gewordenen Poem inspiriert wurde: „Man muß Gott für alles danken, auch für Ober-, Mittel- und Unterfranken."

Die wirkliche Olympiade der Maßkrüge ist alljährlich das Oktoberfest auf der „Sierra Theresia", der schwarz-gelben Schiffsschaukel-Savanne zu Füßen der Bavaria. Viele Millionen Liter des berauschenden „Malzkaffees" zischen dann unter dem Schlachtruf „Oans, zwoa, gsuffa" in die vom Singen und Schreien arg ausgetrockneten Kehlen der internationalen Zecherschar. Und wenn man die Schweinswürstl, die bei der Riesenwiesengaudi bisher verspeist wurden, aneinanderknüpfte, so gingen sie der guten Mutter Erde gut dreimal um den dicken Bauch. Doch trotz der Völlerei ist die „Wiesn" fast immer ein Fest des Friedens und der Völkerversöhnung gewesen. Nur Anno Domini 1844, als das Bier einmal um einen einzigen Pfennig teurer werden sollte, mußte ein ganzes Landwehrregiment „scharf munitioniert" aufgeboten werden, um die kochende Volksseele wieder zu beruhigen. So ändern sich halt die Zeiten.

An den heißen Sommerabenden aber trifft sich nicht nur das Münchner Bierdimpfltum, sondern auch die junge Welle in den herrlichen Oasen der Rettich-Seligkeit in den Bierkellern. Behäbige Tritschler mit hängenden Lefzen sitzen da unter den hundertjährigen Kastanienbäumen des Augustinerkellers. Seltsame Vögel picken die Brotbrösel aus den Papierln und wippende Bachstelzen hüpfen über den gemütlich knirschenden Kies. Ein paar Leute sind natürlich auch darunter, die ganz bestimmt nicht wissen, ob der Henkel bei einem Maßkrug links oder rechts ist. Aber sie alle kommen unter der biblischen Devise hierher: „Hier ist es gut sein, hier wollen wir uns drei Liter kaufen." Und in diesem Feierabend-Atoll ist dann jeder gleich. Der Herr Ex-Minister Strauß stellt sich friedlich um einen Handkäs an, Richard Widmark, der Westernheld, schneidet einen Münchner Rettich in drei ganze Scheiben und unter dem verblühten Holunderbusch sitzt die Ex-Kaiserin Soraya Hand in Hand mit einem ehemaligen Gardeoffizier, und beide haben einen resignierten „Schöneweltdugehstinfransen"-Zug um die Lippen. Es spielt keine Musik und nichts stört die Unterhaltung. Denn nach einem unverbürgten Erlaß soll aus diesem Keller der General Lärm für immer verbannt bleiben. Existiert doch zwischen den Sträuchern im Hintergrund immer noch derselbe kleine Platz, auf dem einst der letzte Münchner Scharfrichter-Kunde Johann Stopfer sein Haupt aus Sühne für eine gruselige Moritat auf den Block legen mußte.

Bier und Gemütlichkeit sind zwei Begriffe, die das Leben der bayerischen Weißwurst-City weitgehend bestimmen. München hat die Gemütlichkeit in Erbpacht frei, franko und gratis. Philosophen mögen diese Münchner Eigenschaft womöglich Toleranz nennen, Arbeitgeber werden vielleicht Faulheit unterstellen und Psychologen etwas von „psychomatischer Balance durch Indifferenz" murmeln. Der Münchner will seine Ruhe haben, seinen „Grüabigen", wie er's nennt, eine Maß Bier vor sich und keinen sächsischen Dialekt hinter sich.

Das Dorado aller Münchner Madl, Jungfrauen, Revoluzzer-Bräute und schrägen Zähne ist zweifellos Schwabylon geworden. Und sagte man früher ein bißchen hochnäsig, „Schwabing sei das Herz von München", so behaupten manche bösen Mäuler, jetzt sei dieses Herz wohl etwas arg tief gerutscht. Wer aber einmal in der Traumstraße der Welt, auf dem Boulevard Leopold, gleich hinter dem Siegestor in einem der Randstein-Cafés sitzt und die Parade unter den Pappeln, die wie verwunschene Grenadiere am Wege stehen, beobachtet, hat seine helle Freude an diesem Aufmarsch. Und schnell wird es dem Gast oder Einheimischen klar, daß es die schönsten Mädchen der Welt unbedingt in „Wahnmoching" gibt. Mit Beinen länger wie ein Junitag, schwarzgeränderten Augen, die aussehen wie die Knopflöcher an der Sonntagsweste eines Landpfarrers und bleichem, rätselhaftem Lächeln, das wohl besagen will: „Wir wissen es schon, daß Gott uns allmählich vergißt", so wippen sie vorüber. „Hurra, hurra, hurra." Und wenn sie in den Frosterias, vor den Espressos und den kleinen Pizza-Bäckereien sitzen und ihre Nylon-Zwillinge weit von sich strecken, so ist es fast unmöglich, über diese Lafetten-Beelzebubs nicht zu Fall zu kommen. Es ist eine Artillerie der Todsünden. Und die zornigen jungen Männer in diesem Stadtteil mit ihren babylonischen Bombenwerfer-Bärten sehen alle aus, als würden sie pausenlos die mißverstandenen Katechismus-Worte vor sich hinmurmeln: „Jehova, dir künd' ich auf ewig Hohn. Ich bin der König von Schwabylon." Und immer rund um die Zeit riecht es in „Swapinga", wie das sündige Dorf ursprünglich hieß, ein wenig nach Chanel Nummer fünf und Gebot Nummer sechs.

Etwas abseits von dem großen Getriebe jedoch, „links wo das Herz ist", kann der Großstadtwanderer auch hin und wieder auf eines der alten Ateliers treffen, in denen die ersten Traumstadt-Bewohner lebten und liebten. Drunten in der Kaiserstraße oder am Habsburger Platz stehen noch die Jugendstil-Häuser, von denen irgendeine mürbe Sandstein-Madonna auf die alten Straßen hinabblächelt. Und halb erblindete Scheiben im Giebelgeschoß lassen noch einen vergessenen Spitzweg, einen kleinen Lenbach oder einen revolutionären Paul Klee vermuten. Von den Wänden einer dieser versponnenen Malwerkstätten schauen die Werke des Meisters herab. Gerahmt und ungerahmt,

frühvollendete und späte Versuche. Und darunter immer wieder ein Mädchen mit Stopsellocken und gesunden Tomatenwangen, dann dasselbe als „Jungfrau mit Rosen im März", als „Liegende" und schließlich als „Frau im September". Und wenn es das Schicksal ganz gut mit so einem Dachstuben-Dürer gemeint hat, so ist ihm seine Muse treu geblieben. Und es kann geschehen, daß die „junge Frau vom März" gerade mit einer großen Henkeltasche voll verhutzelter Sellerieköpfe, die ihrem eigenen sehr ähnlich sehen, die Türe in demselben Augenblick öffnet, in dem er wieder geht.

Viele schreiend reklamierte Cafés, aber auch versteckte und fast unbekannte kleine Bierwirtschaften genießen in der einstigen Hauptstadt der Kunst auch noch den Ruf einer wirklichen Künstlerkneipe. Darunter das „Klösterl" in einer unbelebten Seitenstraße im Theaterviertel. Von der Decke des kleinen viereckigen Raumes herab hängt ein Wagenrad, eine Heugabel und ein Pferdekummet. An der linken Seite steht ein grüner Kachelofen, auf dem zwei Reihen französischen Landweins ein wohltemperiertes Dasein führen. Jedes Mal, wenn sich der dicke Vorhang an der Eingangstüre teilt und irgendein berühmter, ein kleiner oder völlig unbekannter Mime hereintritt, bleibt dieser Komödiant eine Sekunde lang stehen und läßt seine Erscheinung auf die anwesende bürgerliche Statisterie wirken. Wobei er meistens schlicht und bescheiden die Hände ausstreckt, als wollte er mit Martin Luther sagen: „Hier stehe ich – ich kann nicht anders." Stille, halb vergessene Stummfilmstars kommen noch manchmal hier herein, die entfernt an die Adele Sandrock oder den Grafen von Monte Christo, Rudolf Forster, erinnern.

Rund 50 000 „Wau-wau-Maschinchen" und „Wärmflaschendiensttuer" werden zur Zeit in München registriert. Denn diese Stadt ist nicht nur die Weltstadt mit Herz, sondern auch die Weltstadt der Tierliebe. Die größte Gruppe der „waagrechten Kumpel" sind wohl die braven Gebrauchshunde. Der strapazierte Schnauzl, regenfest, unkompliziert und grau wie ein VW. In dessen Salz- und Pfeffer-Fell manchmal auch noch die Reste von einem Kartoffelsalat, ein paar Büroklammern, Haarnadeln und verschlafene Zecken zu finden sind. Dann die treuen Boxer mit dem Sammy-Davis-jr.-Gesicht, die stundenlang vor dem Schulhaus sitzen und auf ihren winzigen Einmaleins-Freund warten, für den sie sich im Ernstfall jederzeit zu Schaschlik verarbeiten ließen. Oder der drahtige, vorhangfressende Foxl, dessen Ohren von den vielen Straßenkämpfen meistens so durchlöchert sind wie eine Arbeiterrückfahrkarte. Ferner der kluge Schäfer, der den Blinden ein ganzes Leben lang seine Augen schenkt und in feldgrauen Zeiten leider auch für seinen Gebieter willig auf die Himmelfahrtsminen tritt. Der legendäre Bernhardiner, das sagenhafte Dolomiten-Kalb, der Münchner Dackel, als Dämmer-

schoppen-Lotse der Dreiquartel-Privatiers weltbekannt geworden. Und vor allem der witzige, blitzgescheite, totalverpfuschte, vielgeliebte Bastard. Kind der Liebe, Modell der Karikaturisten, Gesundheitspolizist der Bierkeller, letzter Rattenfänger, Freiluft-Vagabund, Bühnendarsteller, Gammler, Kamerad und unbezahlbar. Weshalb auch bekanntlich niemand was kriegt für ihn. Seine Hauptnahrung sind nachgeworfene Knochen, mundräuberische Handwürste aus den nahen Wirtschaftsküchen geholt, Verwünschungen und Briefträger. Sie alle zählen zu dem großen Rudel der sympathischen Wurstzipfel-Wölfe.

Neben den vierbeinigen stummen Freunden haben nicht nur die gebürtigen, sondern auch die gelernten Münchner schon immer die vielen Originale, Volkssänger, Komiker und seltsamen Käuze zwischen den schwarz-gelben Stadtmauern geliebt und verhätschelt. Deshalb wurden den berühmtesten von ihnen, dem Valentin, dem Weiß Ferdl und der Liesl Karlstadt drunten auf dem Viktualienmarkt kleine Brünnlein mit einem erzenen Denkmal gewidmet, aus denen, wie der Roider Jackl sagt, der ebenfalls zu ihnen gehören dürfte: „S' Wasser rauslaaft." Und zu allen Jahreszeiten legen die braven Sellerie-Walküren und Marktweiber kleine Sträußlein oder ein paar Blumen auf die Brunnensockel hin. Auch im Winter, wenn der grüne Markt weiß ist, lassen sie in ihrer Treue nicht nach. Dann hat der Weiß Ferdl plötzlich einen Föhrenbusch in der Hand, der oben mit dem ersten Reif garniert ist. Und das schaut dann aus, als wollte er sich mit diesem seltsamen Pinsel gerade zum Rasieren einseifen.

Edeltannenäste, Latschen, vergoldete Mistelzweige und bronzierte Tannenzapfen liegen um ihn herum. Und drüben sein stummer Konkurrent, der „Valä", hat gleich gar ein blitzendes Tröpferl an seiner spitzigen Nase, wie einen Diamanten. Sie sieht damit fast ein bißchen aus wie ein Glasschneider. Haubiges Polsterlmoos bieten die „Dachserinnen" feil, Adventskränze, versilberte Gebirgsdisteln, Vogelbeeren und Judenkirschen. Und die alte Frau Zusann ist gegen den Dezemberwind überall abgedichtet wie das Hauptrohr von einer Fernheizung. Und knallrote Pulswärmer trägt sie heuer. Gestrickt aus dem alten Schlittschuh-Hoserl der Enkelin Irmi, der es längst zu klein war. In den dunklen Fischbottichen schwimmen indes ein paar mürrische Karpfen verdrossen und einsam herum. Sie wedeln dem mörderischen Silvesterabend entgegen.

Die Kleetzn-Sepperl auf den Obstler-Regalen lächeln dazu. „Gedörrter Birnenjoseph hoaßt des auf Hochdeutsch", erklärt die Hamplin einem kleinen Herrschaftskind, das an der Hand einer Kinderschwester zerrt und bittend auf die lustigen Manderl deutet. Wurzelseppen und Preis-Skifahrer mit harten Walnußköpfen stehen da und pfiffige Bauernmandl mit roten, dicken Feigenbäuchen. Überall gibt es Äpfel, Nuß und

Zierhöfe und Gärten beleben die Münchner City. Links: Der Hofgarten vor der Residenz ist noch heute eine Oase der Entspannung. Auch vom Diana-Tempel in der Mitte des Gartens aus zieht die Theatinerkirche St. Kajetan, ein Meisterwerk bayerischer Barockarchitektur, die Blicke auf sich.

Des cours d'agrément et des jardins animent le centre d'affaires de Munich. A gauche: Actuellement encore, le jardin d'honneur devant la Résidence est une oasis de détente. Même du Temple de Diane situé au centre du jardin, l'église des Théatins Saint-Kajetan, chef-d'œúvre d'architecture baroque bavaroise, attire tous les regards.

Decorative courtyards and gardens lend coloúr to the Munich City. Left: The Court Garden in front of the Residence today is still an oasis of relaxation. From the Diana Temple in the middle of the garden the Theatine Church of St. Cajetan, a masterpiece of Bavarian baroque, is still the center of attraction.

Gäste eines Alt-
Münchner Cafés
als Zuschauer
des täglichen
Glockenspiels am
Rathaus.

Clients d'un vieux
café munichois,
spectateurs du
carillon quotidien à
l'Hôtel de ville.

Guests of an old
Munich café as
spectators to the
town hall daily
peal of bells.

Die beiden massiven Türme der Frauenkirche – Wahrzeichen der Stadt – schimmern durch das frische Grün des Englischen Gartens. In unmittelbarer Nähe zu Schwabing und der Maxvorstadt mit ihren Hochschulen gelegen, bildet dieser Park einen sehr beliebten Treffpunkt innerhalb Münchens.

A travers la viridité diaprée de l'Englischer Garten reluisent les deux tours massives de la Frauenkirche qui forme comme un symbole de la ville. Ce jardin public, situé à proximité de Schwabing et de la Maxvorstadt avec ses académies, est très populaire comme lieu de rendez-vous tout à l'intérieur de Munich.

Like symbols of the city, both massive towers of the Frauenkirche are shining through the many nuances of green which are the own of the English Garden. This park, situated immediately besides Schwabing and the Maxvorstadt with its academies is one of the most popular meeting points.

Mandelkern, und Kleetznbrotwecken mit dem spezifischen Gewicht von Uran warten in allen Größen auf gelüstige Milchzahngebisse. Doch in der Abteilung Nikolausruten riecht es scharf nach Knecht Rupprecht und kleineren Stoßgebeten.

Um diese Zeit erinnern sich die kleinen Bi-Ba-Butzelmänner auch besonders gern an das Münchner Marionetten-Theater. Jenes Schauspielhaus der Daumenlutscher, mit dem Papa Schmid nahezu Weltberühmtheit erlangte.

Fast jeden Tag ist Vorstellung und auf den schmalen Sesseln sitzen dann die sieben Zwerglein persönlich und der kleine Muck, neben wundgefragten Großmüttern, gutmütigen Onkeln. Über aller Erwartung weht ein leiser Hauch von Brunnenwasser, Zahnlücken und sauren Drops.

Der Vorhang geht auf über dem bitterbösen Wolf und den sieben blutjungen Geißlein. Sofort stimmt eine seidenhaarige Zopfliesl ein dünnes, langgezogenes Weinen an. Ihre Nachbarin, eine schwarze Schaukelpferd-Amazone, drückt die mitgebrachte Puppe so innig an die Brust, daß die Kunststoff-Nanni bedenklich zu knistern beginnt.

Jubelnd wird gleich darauf der grasgrüne Förstersmann von den Buben begrüßt: „Hau zua, Kaschperl!" schreit ein hoffnungsvoller Vorstadt-Spargel in völliger Verkennung der Sachlage dazwischen. Denn es ist ja noch gar niemand da, der die Prügel in Empfang nehmen könnte. Dafür trifft der rabiate Schreihals selbst – bei der pantomimischen Untermalung seines Wunsches – den eigenen Großvater an der roten Säufernase, die sofort zu nässeln beginnt.

Ach, dann klopft auch schon der haarige Kitzleinfresser drohend an die Kammertür. „Net aufmacha, bittschön, net", wimmert es aus dem Publikum. Ein dick vermummtes Herzbinkerl fordert sogar energisch: „Hoits doch an Schutzmann!" Und drohend wachsen vier bis fünf mäßig gesäuberte Bubenfäuste zum frischgekalkten Theaterhimmel empor. Verächtlich kräuselt sich mancher Kindermund, wie der liebedienerische Krämer dem Bösewicht die Pfoten mit weißem Mehl bestreicht. Und mitleidig glitzert es in vielen Blauäugelein, als sich der Vielfraß die um Erbarmen meckernden Zicklein gierig einverleibt, wie ein Müllschlucker. Doch nun folgt die gerechte Strafe. Befreiendes Geglucker und heillose Schadenfreude begleiten die Totaloperation des schurkischen Hängewanstes. Und zweihundert Hände schieben im Geiste mit an, als es gilt, den geschwänzten Halunken mit seiner Wackersteinfüllung in den Brunnenschacht zu stürzen, und das befreite Aufatmen, das durch den Raum geht, würde mühelos ausreichen, um den Bremsluftbehälter eines Überlandlasters zu füllen.

Sind jedoch endlich die stillen Wochen der Besinnung, der Nächstenliebe und der Brüderlichkeit vorbei, dann kommen im Münchner Jahr schon wieder die Wochen der Liederlichkeit. Und die fünfte Jahreszeit, wie der Münchner Fasching heißt, bricht an.

Der interessanteste Lustbarkeitssilo ist dann immer das „Haus der Kunst". Und der Chronist kann getrost vermelden, daß diese Gaudi-Fabrik mit ihrem herrlich schwülen Alimenten-Klima all das hält, was die sogenannten Atelier- und Bohemien-Feste versprechen. Schon am Eingang zu diesem Konfetti-Babylon tummeln sich die Schönen der Nacht, für jeden Geldbeutel und für jede Kragenweite passend. Appetitliche Sprotten sind darunter und schmackhafte Sardinen, die mit unschuldigen Augen dringend darauf warten, verspeist zu werden. Freilich, ein paar Haie lauern auch. Man erkennt sie aber sehr leicht an ihren hungrigen schrägen Augen und dem wütenden Magenknurren. Wehe dem Freiersmann, der ihnen in die Flossen fällt. Selbst wenn es sich um den routiniertesten rheinischen Karnevalstouristen handelt, ist er in zwei Stunden bis auf die Rückfahrkarte in seine Vaterstadt restlos ausgeschlachtet. Und er sieht aus, als hätte er die Hauptrolle in dem Stück „Der alte Mann und das Meer" gespielt. Aber nicht den alten Mann, sondern den großen, abgenagten Fisch natürlich.

Halbhoch in den schwülen Lüften schweben sagenhafte Lindwürmer aus Stanniol, fletschende Fabeltiere und schaurige Rochen. Um zehn Uhr abends ist die Luft bereits so massiv geworden, daß man getrost einen Regenschirm daran anlehnen kann. Zu diesem Zeitpunkt stellt dann auch die Direktion die Dampfheizung ab, denn die Besucher erwärmen sich nach dem Prinzip der Umkehrspülung längst von selbst. Zwei Kapellen spielen dazu pausenlos unter Wasser. Und das scheppert und werkelt wie in der Guten-Hoffnung-Hütte, wenn ein neuer Rüstungsauftrag eingetroffen ist. Und dann beginnt es auf den Tanzflächen zu zappeln und zu schwänzeln, wie unter dem Mikroskop von Robert Koch, als er einst den Milzbranderreger entdeckte. Und die Strampellieschen winden sich und wippen, als hätte man ihnen Ameisen in die Strumpfhosen geschaufelt.

Manche haben überhaupt nur ihre Sommersprossen mit einem halben Meter Rüschen eingezäunt. Aber auch originelle Faschingszähne sind zu sehen, die noch den Mut zur Lächerlichkeit haben. Zum Beispiel eine wuchtige Amazone, die einen verchromten Aufschlagzünder auf dem Kopf trägt. Die geht wohl als Stuka zu Fuß. Und zweiundzwanzig knusprige Töchter Winnetous sind auch da. Kein Mensch hätte gedacht, daß die alte Rothaut so unsolide gewesen war. Und dort stöckelt die Märchenrapunzel vorbei. Welcher Rittersmann oder Knapp würde wohl nicht an ihren Zöpfen emporklettern. Wenigstens bis zum Balkon. Zum Einhalten ist ja überall genug vorhanden. Ach, aber erst das blonde Charleston-Girl, das an der schamroten Sperrholzbar lehnt. Beine bis zum Kinn und oben herum aper wie der Arlberg im Mai. Da

kann man doch nur mehr Edgar Wallace zitieren: „Es ist unmöglich, von ihr nicht gefesssselt zu sein." Und wenn die Nacht dem Morgen weicht, dann sind die kühlen Gänge und Treppen von seltsamen Gestalten und Pärchen übersät. Sie bedecken das Brachfeld wie die Gefallenen nach der großen Schlacht bei Leichtsinn. Und der Dichter würde sagen: „Spießer, kommst du nach Hause, so sage, du habest sie liegen gesehen."

Ist dann auch der „bunte Flitter" wieder verblüht, bleiben sowieso nur mehr wenige Tage, bis abermals angezapft wird. Und die ungezählten Starkbier-Quellen zu sprudeln beginnen. Dazwischen hat der arme Sünder gerade noch ein bißchen Gelegenheit, Buße zu tun. Doch weil von den Faschingssünden bekanntlich tausend auf ein Kilo gehen und sie durchwegs nur läßlicher Natur sind, genügt zu diesem Zweck auch schon eine Gewissensforschung und eine beschauliche Wallfahrt in die kleinen Kirchlein von Bogenhausen, Maria-Thalkirchen oder das vom alten südlichen Friedhof. Ratlos steht es zwischen den glotzenden Betonklötzen, als hätte es der liebe Gott an der Hand durch die große Stadt geführt und dann verloren. Ein mageres Türmchen hat es auch auf dem Dach. Das ist so dünn und schlank, daß die Leute sagen, man bräuchte da gar keinen Strick mehr für die Glocke. Da könnte man beim Läuten genausogut gleich das Türmchen schütteln. Und wenn dann manchmal das schüchterne Bim-Bam ertönt, klingt das so verlassen wie bei einem verirrten Kälbchen in den Dolomiten.

Weiße Tauben warten auf dem Dach. Als müßten sie Modell sitzen für den Heiligen Geist. Wenn der berühmte Künstler nochmal kommt, der das Deckengemälde machte. An der Westseite des mürbegeregneten Gotteshauses wächst wilder Wein. Sogar das Bildnis des Gekreuzigten ist schon etwas überwuchert. Und an heißen Sommertagen beschatten die grünen Blätter mitleidig die gräßlichen Wunden. Daneben mündet ein Blitzableiter in die geweihte Erde. O, ihr Kleingläubigen.

Drinnen ist das Kirchlein kühl wie ein Apfel. Und es riecht nach Weihrauch, Schlaf und Frieden. An den Wänden dämmern die Heiligen vor sich hin, Apostel, Evangelisten, Märtyrer. Opferstöcke bitten lautlos mit halboffenem Holzmunde um milde Gaben. Die dunklen Betbänke aus wertvollem Holz, das man heute nur noch zu dünnen Blättern schneidet und aufklebt, sind an den Stellen, wo die Gläubigen knien, stark ausgebuchtet. Denn die Sorgen der Menschen drücken sie schwer auf die Schemel. Klein und gebrechlich klebt die Kanzel an der Wand. Ein goldenes Schwalbennest. Und darunter steht der einzige Beichtstuhl. Er ist dunkel und erschöpft vom Vergeben der Sünden. Frauen kommen und gehen. Schwarz angezogen und scheu wie Dohlen. Ein Weihwasserflaschl füllt sich die eine auf. Ach, es ist wohl einmal eine Medizin drin gewesen, weil noch immer auf dem Schild steht: „Dreimal täglich zwanzig Tropfen". Viel von dem Weichbrunn braucht diese Alte. Sie hat es noch von der Mutter her, daß man auch ins Essen manchmal ein Spritzerl tut. Wird schon keine Sünde sein. Weil doch auch das tägliche Brot vom Herrgott kommt. Eine Hausfrau kramt in Gedanken in der tiefen Einkaufstasche. Dem heiligen Sankt Georg hat sie ein paar Blümchen gekauft. Denn ihr Seliger hieß doch auch so. „Mariandjosef", jetzt hätte sie aber beinahe den Petersil erwischt. Immer wieder kommen Menschen, verbraucht und müde. Und solche, die schon lange wissen, daß alles eitel ist. Dort der Vertreter. Er setzt sich in die dunkle Bank und stützt sein Gesicht in die Hände. Die Aktentasche auf dem Boden klappt auf. Prospekte und ein rotes Auftragsbuch. Der Mann geht jetzt in den Herrgottswinkel. „Und die Stirne eine einzige Falte, ach, kein Sieger trat da auf ihn zu", hätte der Herr sagen können. Ja, was aber will denn der weinende Bub hier? Er kniet und flennt und es stößt ihn: „Himmimamma", schluchzt er. Sonst nichts. Und die Schusserfinger reiben das verweinte Gesicht. Ist's eine Fensterscheibe, sind's verlorene Schlüssel, ist's eine kranke Mutter? „Ach, liebe Frau, ich bitt, verlaß den Wolferl nit." Nein, wegen so einem kleinen Häuferl Elend kann die Madonna natürlich nicht gleich ein Wunder wirken. Aber sie fährt dem Buben mit der blauen Hand der anhebenden Dämmerung übers Gesicht. Und da schläft er nach einem letzten Schluckauf friedlich ein.

Draußen auf dem jahrhundertealten Gottesacker liest der Wandersmann berühmte Namen aus der Münchner Stadtgeschichte. Dall Armi, Zenetti, Schwanthaler und vielleicht auch Xaver Krenkl. Und wenn er ein bißchen vertraut ist mit der kleinen Welt um den Alten Peter, dann weiß er, daß dieser Krenkl jener Pferdehändler war, der dem Marstall des bayerischen Königs beim jährlichen Rennen schon manches Mal das Nachsehen gab. Und als der Krenkl seinen Landesherrn im Englischen Garten mit vier feurigen Rappen einmal überholte, was an sich streng verboten war, und der vom ersten Ludwig aus der Kutsche diesbezüglich verwarnt wurde, rief er nur lachend zurück: „Ja mei, Majestät, wer ko der ko." Und auch das gehört zur Lebensart in dieser Wunderstadt, in der es immer schön sein wird bis ans Ende ihrer Tage.

Oder bis für den Münchner jener erzene Vers Gültigkeit bekommt, der an der Nordseite des alten Kirchleins steht und in dem es so versöhnlich heißt: „Hier ruht sich's wohl, friedfertig liegt der Reiche sich zum gekränkten Bettler hin und schläft."

Hier schenkt man das ein, was Siegfried Sommer das „flüssige Brot" nennt; und hier und in vielen anderen Lokalen, wie dem „Brat-wurst-Herzerl", dem „Markthof", dem „Blauen Bock", dem „Haxn-Bauer", oder dem „Räucher-Onkel" und dem „Hof-bräuhaus", bekommt man die berühmten Brotzeit-Schmankerl.

Ici on est servi de ce que Siegfried Sommer appelle «le pain liquide» (lisez la bière), et ici et dans assez d'autres îlots-casse-croûte tels que «Bratwurst-Herzerl» (cœur en boudin), «Markthof», «Blauer Bock», «Haxn-Bauer» ou bien chez «Räucher-Onkel» ou «Hofbräuhaus» s'obtiennent les célèbres «Schmankerl», ces petits morceaux friands pour tromper l'estomac.

Here you are served what Siegfried Sommer describes as "liquid bread" (beer of course), and here as in many other snack oases like the "Bratwurst-Herzerl", the "Markthof", the "Blauer Bock", the "Haxn-Bauer", the "Räucher-Onkel" or in the "Hof-bräuhaus" you get these famous stomach-teasers known as "Schmankerl".

Münchner Leben am Odeonsplatz. Der Feldherrnhalle, die an Siege bayerischer Truppen aus früheren Jahrhunderten erinnert, kommt nur noch historische Bedeutung zu. Jugend und Tradition sind in dieser Stadt der Liberalität und Toleranz keine Gegensätze.

Vie munichoise à la Odeonsplatz. La Feldherrnhalle (Halle des généraux) qui rappelle des victoires passées des troupes bavaroises, n'a plus qu'une importance historique. Jeunesse et tradition s'accordent bien dans cette ville de la libéralité et de la tolérance.

Life in Munich at Odeonsplatz. The Feldherrnhalle, recalling victories of Bavarian troops in previous centuries, is only of historic importance. In this city of liberty and tolerance, youth and tradition even today are not enemies.

München bei Nacht. Das ist an schönen Tagen ein südländisch reizvolles Spazieren durch die tausendfach erleuchtete City. Sehr beliebt in der Fußgängerzone zwischen Stachus und Marienplatz, längst Tradition in den eleganten Ladenstraßen, so in der Maximilianstraße, genannt nach Maximilian II.

Munich la nuit (by night). Par beau temps, c'est une promenade pleine de charme méridional. Une telle promenade est très populaire dans la zone réservée aux piétons, entre le Stachus et la Marienplatz, depuis longtemps traditionelle dans les élégantes rues commerçantes comme par exemple dans la Maximilianstrasse (illustration à droite), du nom du roi Maximilian II.

Munich at night. On a clear evening this is a stroll through the thousandfold illuminated city with all the captivating charm of southern climes. Already popular in the pedestrian zone, traditional in the elegant, worldly and extravagantly showy shopping districts of the theatre area such as Maximilianstraße (illustration at right), named after King Maximilian II.

Siegfried Sommer

Qui oserait ne pas aimer Munich

Il est vraiment malheureux qu'aucun terme convenable ne rime avec Munich, tandis que d'autres villes sont bien plus favorisées dans ce domaine. Les paroliers et compositeurs d'airs à succès célébraient en vers et Vienne sur le beau Danube bleu et Madrid. Par contre, Munich, en allemand München, rime tout au plus avec «tünchen» qui signifie badigeonner ou blanchir à la chaux, bien que les Bavarois préfèrent user du synonyme «weisseln», ce qui n'arrange pas les choses du point de vue de la poésie.

C'est peut-être là la raison pour laquelle certaines gens ont tant de mal à tourner un vers sur la ville de Munich. Les mauvaises langues vont même jusqu'à prétendre que les Munichois sont soit irascibles et grognons soit saouls. A cette argutie, les autochtones vous rétorqueront peut-être, avec leur logique innée, que vous avez raison et que celui qui a raison paye un pot. Toujours est-il qu'entre deux verres, les Munichois ont trouvé le temps de construire le Deutsches Museum, de couler la statue de la Bavière, d'inventer la longue-vue et de recevoir trois ou quatre Prix Nobel. Aussi, seul un vrai Munichois peut-il à la rigueur se permettre, dans ce pays, une critique aussi acerbe. De toute façon, il est prouvé qu'à brève échéance les vrais Munichois seront aussi rares que les varans géants des îles Galápagos.

En revanche, la plupart des touristes, amateurs de sport, travailleurs étrangers et globe-trotters sont unanimes sur un point: «Munich est une ville qu'il faut aimer». Il faut aimer cette ville où le romantique Wedekind, auteur dramatique allemand, et Ringelnatz, au nez célèbre, se promenaient jadis dans les venelles baignées par la lumière jaune des becs de gaz et où la comtesse Reventlow, le fléau de Schwabing dit Schwabylon, rôdait pieds nus à travers le quartier de Wahnmoching. C'est ici, sur les berges broussailleuses de l'Isar en crue, que Thomas Mann déambulait avec son chien «Bauschan» qu'il nourrissait d'aphorismes. Et c'est dans cette même ville, dans une modeste mansarde, que Mozart écrivit ses quintettes tandis qu'à quelques kilomètres vers le nord et cent ans plus tard, Lénine rédigea son Manifeste dans une misérable chambre donnant sur une arrière-cour de Schwabing. C'est dans ce petit monde que les étudiants obligèrent leur roi à abdiquer à cause d'une écuyère de cirque et qu'ils lui chantèrent ensuite, sous son balcon, un poème satirique célébrant la passion irrésistible de Lola Montez. Le roi Gustave Adolphe gîta à Munich avant que la peste noire, suivie bien plus tard de la peste brune, n'y fît ses ravages. Un beau jour, on y vit même un journalier inconnu, nommé Adelmann, escalader l'église Notre-Dame du Bon-Secours (Mariahilf-Kirche) pour lancer, du haut du clocher, une protestation véhémente contre la décision du corps des sapeurs-

pompiers de ne pas l'embaucher sous prétexte qu'il était trop sujet au vertige. C'est encore à Munich, sur la Theresien-Wiese, que Buffalo Bill défia un duc de Bavière à la carabine et que Gina Lollobrigida, de passage au Hofbräuhaus, illustra à sa façon le vieil adage d'un conte de fées «Sept d'un coup» en engloutissant presque d'un trait sept saucisses blanches. Il faut donc, d'une façon ou d'une autre, aimer cette ville.

Et d'ailleurs, que dirait un critique sévère du fait historique qu'un régiment munichois ait pris d'assaut, à l'arme blanche, une chaîne de collines en France tandis qu'en même temps l'Empereur se plaignant de ce que les Bavarois ne faisaient aucun cas d'une telle campagne s'entendait répondre par un maréchal bavarois: «Voyez-vous, Majesté, mes Munichois préfèrent une guerre des chopes à une guerre mondiale».

Qui que tu sois, étranger, ami, à te trouver par hasard dans cette étrange colonie, appelée aussi «l'Etat libre récalcitrant» pour y faire connaissance avec sa capitale, dénommée à son tour «l'amante secrète de l'Europe», regarde-la d'abord d'en haut, soit du haut de la tour de la cathédrale Notre-Dame, soit de la plate-forme de la Tour olympique de près de 300 m de haut qui s'élance vers le ciel comme si elle voulait enjoindre fièrement: «Hic Rhodus, hic salta», ce qui veut dire en traduction poétique quelque peu libre: «Voici Munich, voici où ils sauteront». On regarde donc sur la marée rouge des toits des maisons de la ville voisine et sur les ravins d'asphalte où grouillent les automobiles pareilles à des fourmis. Et tout doucement, on commence à s'orienter et l'on découvre que le ruisselet au scintillement argenté venant du sud ne peut être que la verte Isar, tant célébrée. Vue à vol d'oiseau, elle ne paie guère de mine, elle semble être une fuite d'eau d'une des montagnes gigantesques dont elle émane. Et c'est ainsi qu'elle se faufile à travers le paysage et la ville, un peu comme si elle voulait demander en permanence à son entourage: «Pardon, est-ce bien la direction de Deggendorf? C'est en effet là-bas que je dois me jeter au plus vite dans le Danube». Lorsque souffle le föhn, ce vent du sud tant décrié, l'observateur, du haut de sa tour croit pouvoir aiguiser son canif ou son nez curieux directement à la montagne toute proche et l'envie lui prend même d'en caresser amicalement la croupe grise.

Le topographe peut même parfaitement reconnaître le sombre dos d'éléphant de la Kampenwand dont il est question dans une contrepèterie munichoise célébrant les joies de l'alpinisme teintées du regret des bedaines trop rebondies.

Pour celui qui dispose d'un peu de fantaisie, la ville elle-même a un tantinet l'air d'un cœur en forme de livres d'images comme on en

trouve encore dans les vieux albums de poésie avec la signature
«A toi pour la vie». Non loin de la grande prairie-carrousel de Munich,
la Theresien-Wiese, le visiteur découvre aussi le lieu de recueillement
rouge stylisé que certains appellent volontiers, à cause de son type de
construction, «le grand huit de Martin Luther». Un peu plus loin, sur la
gauche, l'ange de la paix, l'optimiste doré, tend sa branche de palmier
vers le ciel bleu, avec une belle constance mais avec un bras en
bronze tout endormi. Il détient certainement depuis longtemps le
record mondial de l'exhortation permanente. Au nord, le Vésuve de gaz
d'éclairage munichois, le gazomètre de Moosach, fume lentement
en décrivant de petits ronds dans l'air. A deux pas de là, à gauche,
s'élève la grand-mère en bronze, la Bavaria, dans la tête de laquelle
se trouve même un petit canapé pour les visiteurs aimant particulièrement le confort. Le mont Monopteros, élévation artificielle du Jardin
anglais appelée «Monte Rendez-vous», s'élève au-dessus du feuillage
touffu vert pâle presqu'aussi ridicule qu'un minuscule bouton puber-
taire. Les aiguilles du Vieux Pierre, cette vénérable église de Munich
qui, chose étrange, possède huit cadrans, sont à portée de la main.
Personne ne pouvait fournir une explication valable à cette particularité
jusqu'au jour où Karl Valentin arriva enfin à élucider aussi ce mystère
et déclara à ses contemporains ébahis que les huit cadrans étaient là
pour permettre à plusieurs personnes à la fois de voir l'heure, les
quatre cadrans inférieurs étant destinés aux personnes de petite taille.
Ensuite, le visiteur est peut-être surpris précisément par les onze
sons clairs de l'horloge de l'Hôtel de ville qui annoncent simultanément
le carillon quotidien. Automatiquement, les têtes de centaines de
curieux rassemblés sur la Marienplatz se relèvent; ils ouvrent la
bouche, sans bruit, comme s'il s'agissait d'une vaccination par voie
buccale. C'est alors le doux cliquetis des obturateurs à rideau et l'on
entend ronfler, pareilles à des moucherons de fin d'automne, de nombreuses caméras. La foule des spectateurs est toujours multicolore
et variée comme lors de la construction bien connue de Babylone.
Et tous ont le regard fixé vers le haut de la tour, vers le manège des
grands enfants. Des Indiennes portant sur leurs beaux fronts le confetti
noir de la noblesse, des petits enfants d'Ecosse hésitant à retirer leurs
doigts égarés dans leurs petits nez, des Japonais souriants, des
Irlandais aux genoux rouges, des Grecs ondulés et des Américaines
d'un certain âge aux visages rigides à la Rubinstein. Au premier
tintement, la plupart d'entre eux ouvrent leurs bouches encore
davantage comme s'ils voulaient se gargariser un peu avec les sons
qui tombent. D'autres se limitent à montrer farouchement leurs dents.
Mais le Münchner Kindl, tout en haut sur la flèche, n'a pas peur
d'être mordu.

Une animation particulièrement vive se produit à Munich après «eleven
o'clock», l'heure H du boudin blanc et des autres petits casse-croûte,
tout autour du cœur de la ville et de la «table des habitués» du monde
entier, la Hofbräuhaus. Tout touriste munichois passablement cultivé
sait aujourd'hui en quoi consiste un «Schmankerl»; il s'agit tout
simplement d'un stimulant de l'estomac: beaucoup trop pour rester
affamé et trop peu pour être rassasié! Malheureusement ces petits
morceaux friands pour tromper l'estomac deviennent de plus en plus
rares, même dans la capitale de la joie de vivre. Et tout ceci bien que
la sage devise de la vieille Bavière soit toujours valable: «Il faut
grelotter en travaillant, dormir en priant et transpirer en mangeant».
Mais dans les restaurants aux noms typiquement bavarois tels que
«Bratwurst-Herzerl» (cœur en boudin) près du Viktualienmarkt, «Markthof», «Blauer Bock», «Haxnbauer» ou «Räucher-Onkel», on reçoit
encore de nos jours sa délicatesse pour l'estomac. Peut-être même
un ris de veau vinaigrette servi sur planchette de bois, une saucisse
de rate dans une panade ou du porc bouilli. Mais vous y obtiendrez
à coup sûr un plat de poumon et de cœur avec des boulettes, ou de
la mousse de foie, appelée aussi «la côtelette du fonctionnaire», dans
laquelle il n'y a évidemment pas plus de foie que de reine dans un
potage à la reine.
Un des îlots-casse-croûte les plus célèbres fut de tout temps la
«Nürnberger Bratwurst-Glöckl», petite auberge située à l'ombre de la
gigantesque cathédrale, dans laquelle le client rentre presque avec
le même respect que s'il pénétrait dans la fraîcheur solennelle de
Notre-Dame. Depuis 170 ans, les affamés y sont rassasiés par d'hon-
nêtes restaurateurs avec toutes sortes de mets délicats bien bavarois
et les assoiffés y sont désaltérés avec la «soupe du fût». Et tout cela
par la seule et même dynastie des tireurs de bière qui, en outre, sait
toujours tirer un bénéfice mesuré et honnête de la façon de servir
les chopes.
Le véritable abreuvoir de l'Occident est et demeure cependant la
Hofbräuhaus de Munich qui, selon une enquête, est plus célèbre que
les cathédrales d'Ulm et de Strasbourg réunies. Joséphine Baker,
Hearst, le roi de la presse et le superathlète noir Jesse Owens y ont
levé la «pierre creuse» avec le même enthousiasme. Même Adolf
le «millénaire» avait installé pendant un certain temps son quartier
général à la Hofbräuhaus. Et un jour, avec un héroïsme exubérant, il
avait tiré, exactement comme il l'avait fait au Bürgerbräukeller, dans
le beau plafond en bois décapé. Un finaud de concierge en profita
après la deuxième guerre mondiale pour échanger plus d'une douzaine
de fois, à des américains, la chaise sur laquelle s'était assis jadis le
«séducteur» contre des Chesterfield et des Lucky Strike. Le célèbre

Das „gute, alte" München hat vor allem noch auf dem Viktualienmarkt eine Zuflucht. Unvergessene Volkssänger wie Karl Valentin (linkes Bild), Liesl Karlstadt und Weiss Ferdl sind in Brunnenfiguren verewigt und werden von den Marktfrauen liebevoll mit frischen Blumen versorgt.

C'est surtout sur le marché aux victuailles («Viktualienmarkt») que le «bon vieux» Munich trouve encore un refuge. D'inoubliables chanteurs populaires tels que Karl Valentin (illustration à gauche), Liesl Karlstadt et Weiss Ferdl sont immortalisés par les statuettes de la fontaine et sont affectueusement pourvus en fleurs fraîches par les marchandes.

The "good old" Munich still finds refuge on the Viktualienmarkt. Unforgotten folk singers like Karl Valentin (illustration at left), Liesl Karlstadt and Weiss Ferdl are immortalized in fountain figures and are lovingly supplied with fresh flowers by the market-women.

Münchner Markt-
frauen ist es ganz
besonders zu ver-
danken, daß die
Originalität der
Münchner Rass'
heute noch nicht
ausgestorben
ist. Rauh, aber
herzlich, grantig
oder fidel,
verkörpern sie,
was als typisch
münchnerisch gilt.
Mit den Markt-
frauen, auch mit
den alten Trödlern
in der Umgebung,
geht nach wie vor
ein gemütlicher
Ratsch zusammen.

A propos de
marchandes: c'est
tout spécialement
à elles qu'on doit
la survivance de
l'originalité de la
race munichoise
même aujourd'hui.
Revêches, mais
cordiales,
ronchonnes ou
gaies, elles
incarnent ce qui
est considéré
comme étant
typiquement
munichois. Avec
les marchandes,
il y a toujours
moyen de faire un
brin de causette
agréable.

A particular debt is
owed to the
marketwomen of
Munich that the
originality of the
Munich race has
not yet died out
even in our days.
Rough, but with
good hearts, they
embody every-
thing regarded as
characteristic of
Munich. Social
gossip is still
associated with
the marketwomen.

Im Hofbräuhaus
gilt die Gemütlich-
keit erst recht, und
niemand gibt
etwas auf Rang
und soziale
Stellung. Aus
dieser Sicht ist
wohl mancher
Blick in die Volks-
seele erlaubt,
schon gar, wenn
man ein tief-
dekolletiertes
Dirndl zum
Gegenüber hat.

Au Hofbräuhaus la
«Gemütlichkeit»
est mise en valeur,
et personne ne fait
grand cas du rang
et de la position
sociale du visiteur.
D'un tel point de
vue plus d'un
profond aperçu
dans l'âme
populaire doit être
permis, surtout
lorsqu'on a pour
vis-à-vis un
«Dirndl» (jeune
Bavaroise)
largement
décolletée.

In the Hofbräuhaus,
"Gemütlichkeit" is
a value in itself,
and nobody cares
much about the
rank or social
position of the
visitor. From this
point of view, it
should be allowed
to have more than
just one deep
insight into the
soul of the people,
especially when
your neighbour is
a decolleté dirndl.

chef d'orchestre Sulzbeck, musicien favori du bon vieux temps, nous expliqua pourquoi le «pain liquide» (lisez la bière) était tellement bon à cet endroit: c'est tout simplement parce que Napoléon en personne lui avait offert un jour, en récompense de ses beaux airs, un diamant de cinq carats qu'il avait laissé tomber par mégarde dans le brassin où il a été cuit avec tout le reste.

Un autre haut-lieu de la félicité munichoise de la bière est en outre le «Monte Nockher», le mont Nockher, avec sa source Salvator de renommée mondiale. Il s'agit de ce fameux breuvage doux amer dont les très vieux Munichois ne cessent de prétendre qu'il est le seul légume qu'ils ne puissent pas mâcher. Et c'est avec enthousiasme que l'ancien premier bourgmestre de la ville écrivit sur l'espèce de livre d'or du mont Nockher: «Que Dieu me conserve ma soif, tout le reste m'est égal», tandis qu'un ministre de l'intérieur bavarois, inspiré par la bière forte, alla jusqu'à écrire un poème devenu fort populaire: «Il faut rendre grâce à Dieu de tout, même de la Haute-Franconie, de la Franconie Centrale et de la Basse-Franconie».

La Fête d'Octobre sur la «Sierra Theresia», la savane noire-jaune des bateaux-balançoires aux pieds de la Bavaria est, tous les ans, une véritable manifestation olympique des chopes. Des millions de litres de l'enivrant «café de malt» dégoulinent alors, au cri de guerre «Un, deux, buvez», dans les gorges des compagnons de beuverie fortement desséchées à force de chanter et de hurler. Si l'on aboutait les saucissons de porc consommés pendant cette foire gigantesque de la «Wiesn», ils feraient certainement au moins trois fois le tour de la grosse bedaine de notre bonne mère la terre. Mais malgré la beuverie, la «Wiesn» est presque toujours une fête de la paix et de la réconciliation des peuples. Ce n'est qu'en 1844, lorsque le prix de la bière devait être relevé d'un seul et malheureux Pfennig, qu'il a fallu mobiliser tout un régiment de l'armée de terre «avec munitions» pour ramener au calme l'âme du peuple en ébullition. Les jours se suivent et ne se ressemblent pas.

Les-buveurs de bière munichois ne sont pas les seuls à se retrouver au cours des chaudes soirées d'été; la nouvelle vague se rencontre, elle aussi, dans les caves à bière, magnifiques oasis de la félicité au raifort. De braves buveurs aux lippes pendantes sont installés sous les marronniers centenaires de la cave des Augustins. D'étranges oiseaux picotent les miettes de pain dans les petits papiers et des bergeronnettes, balançant la queue, sautillent sur le gravier crissant doucement. Parmi les buveurs, il y en a bien entendu quelques-uns qui ne savent certainement pas si l'anse d'une chope se trouve à droite ou à gauche. Leur présence s'explique cependant par la devise biblique: «Ici, il fait bon vivre, ici, nous allons nous acheter

trois litres». Tous sont alors égaux dans cet atoll de soirée récréative. l'ex-ministre M. Strauss fait la queue pour avoir un fromage du Harz, Richard Widmark, héros de western, coupe un radis noir munichois en trois rondelles et sous le buisson de sureau fané est assise l'ex-Impératrice Soraya, main dans la main avec un ancien officier de la Garde et tous les deux ont une expression résignée autour des lèvres comme pour dire: «quel beau monde en décadence!» Il n'y a pas de musique et rien ne dérange la conversation. Selon un décret non confirmé, le Général bruit doit en effet rester banni à jamais de cette cave, d'autant plus qu'au milieu des buissons du fond il y a toujours la même petite place sur laquelle Johann Stopfer, dernier client munichois de l'exécuteur des hautes œuvres a dû poser jadis sa tête sur le billot en expiation d'un meurtre sinistre.

Certes, dans ce pays, un buveur de bière non expérimenté doit avoir quelques connaissances concernant la consommation du délicieux jus de houblon. A Munich, après la disparition du célèbre «trois quart», la bière n'est effectivement plus débitée qu'en trois unités de mesure différentes dont la plus notoire est la chope, dérivée de la notion fédérale uniforme du litre. Si, en Bavière, la chope n'atteint que fort rarement la ligne d'étalonnage prescrite, cela est dû au fait que les autochtones aiment un certain faux col et les garçons leurs familles. Une autre mesure également fort populaire, est «la demie» qui se boit debout. Pour les touristes scandinaves on sert aussi parfois, exceptionnellement, le quart ou «la petite». Les avis sont très partagés en ce qui concerne la quantité et la qualité de la bière qu'il est recommandé de boire. Il y a cependant une indication absolue quant à la digestibilité du jus d'orge et qui dit: «La bière brune fait malheureusement grossir et la blonde est mauvaise pour le cœur. Seule la bière gratuite ne fait aucun mal».

Bière et «Gemütlichkeit» sont deux notions qui déterminent largement la vie de la ville bavaroise du boudin blanc. Munich dispose d'une emphytéose sur la «Gemütlichkeit», libre, franco de port et gratuite. Tandis que les philosophes considèrent cette qualité munichoise peut-être comme étant de la tolérance, les employeurs parlent sans doute à tort de paresse et les psychologues marmottent quelque chose comme «balance psychosomatique par indifférence». Le Munichois dit «Gemütlichkeit» et l'applique en toute circonstance. Il veut avoir sa paix, comme il dit, une chope de bière devant lui et ne pas entendre de dialecte saxon dans son dos.

L'Eldorado de toutes les jeunes filles et jeunes femmes, petites amies des contestataires et autres filles faciles, est incontestablement Schwabylon. Et si l'on disait jadis, quelque peu hautainement, que «Schwabing est le cœur de Munich», maintes mauvaises langues

prétendent que ce cœur a maintenant glissé bien bas. Mais quiconque s'installe à l'une des terrasses de café du fameux Boulevard Leopold, directement derrière la Porte de la Victoire, pour y observer la parade sous les peupliers, pareils à des grenadiers enchantés faisant la haie, prendra un vif plaisir à ce défilé. Et très rapidement, le visiteur ou l'autochtone se rend parfaitement compte que les plus belles filles du monde se trouvent sans aucun doute à «Wahnmoching». Avec des jambes plus longues qu'une journée de juin, des yeux cernés pareils aux boutonnières de la veste de dimanche d'un curé de campagne, un sourire pâle et énigmatique qui veut sans doute dire: «Nous savons bien que Dieu nous oublie petit à petit», elles passent en se dandinant. Et lorsqu'elles sont assises dans les salons de glace, devant un express et des petits gâteaux, leurs jambes gaînées de nylon bien allongées, il est presque impossible de ne pas «tomber» par-dessus ces affûts de Belzébuth. C'est une artillerie des péchés mortels. Ensuite, il y a, dans ce quartier de la ville, les jeunes gens en colère avec leurs barbes babyloniennes de bombardiers qui ont tous l'air de marmotter les paroles ambiguës de catéchisme: «Jehova, je te couvre à jamais de mon sarcasme. C'est moi, le roi de Schwabylon». Et toujours, 24 heures sur 24, «Swapinga» nom initial de ce village pécheur, sent un peu le 5 de Chanel et le 6e commandement.

Cependant, un peu à l'écart de la grande agitation, «à gauche du côté du cœur», le visiteur de la ville peut aussi découvrir, de temps en temps, un des vieux ateliers dans lesquels vivaient et s'aimaient les premiers habitants de la ville des rêves. En bas, dans la Kaiserstrasse ou sur la place Habsburger, il y a encore les maisons «modern' style» du haut desquelles une madone en grès lance un sourire aux vieilles rues. Des vitres à moitié dépolies, sous le toit, permettent de présumer un Spitzweg oublié, un petit Lenbach ou un Paul Klee révolutionnaire. Du haut des murs d'un de ces ateliers de peintures rêveurs, les œuvres du Maître vous regardent encadrées ou non, essais trop tôt accomplis et tardifs. Et au-dessous, toujours une fille avec des boucles en spirale et des joues saines pareilles à des tomates; ensuite, la même fille en «Vierge aux roses en mars», en «femme couchée» et enfin en «femme au mois de septembre». Si le destin a voulu beaucoup de bien à un tel Dürer de mansarde, sa muse lui est restée fidèle. Il se peut que la «jeune femme de mars», munie d'un grand sac à poignée plein de têtes de céleri, ratatinées comme sa propre tête, ouvre la porte à l'instant où il repart.

De nombreux cafés à publicité tapageuse, mais aussi de petites auberges à bière presque inconnues, jouissent encore, dans l'ancienne capitale de l'art, de la renommée d'un véritable bistrot d'artistes comme par exemple le «Klösterl» dans une rue latérale peu fréquentée du quartier des Théâtres. Au plafond de la petite pièce rectangulaire sont suspendus une roue de voiture, une fourche à foin et un collier de cheval. Sur le côté gauche, un poêle en faïence sur lequel deux rangées de bouteilles de vin français mènent une existence bien tempérée! Chaque fois que s'entrouvre le lourd rideau de la porte d'entrée pour livrer passage à un mime quelconque, célèbre, petit ou tout à fait inconnu, ce comédien s'arrête un instant pour permettre à son apparition d'impressionner la figuration bourgeoise présente. Ce faisant, il tend simplement et humblement les mains comme s'il voulait dire avec Martin Luther: «Me voici devant vous, je ne puis faire autrement.» Des vedettes du cinéma muet, silencieuses et à demi oubliées y viennent encore de temps en temps rappelant vaguement Adele Sandrock ou le comte de Monte Christo, Rudolf Forster. Des robots synchrones et diligents se retrouvent, eux aussi, au «Klösterl», et les interprètes de héros de la proche caserne des comédiens s'essuient encore rapidement quelques restes de Macbeth et de fard sur le menton avant de s'attaquer à leur plat de bœuf. Ici, dans cette grange à coquins, de même que dans presque tous les bistrots intimes de Munich, les petits chiens sont encore les bienvenus.

Environ 50 000 toutous et «bouillotes de service» sont en effet enregistrés à Munich, qui n'est pas seulement la métropole au grand cœur mais aussi celle de l'amour des bêtes. Le groupe le plus important des «copains horizontaux» est sans doute celui des braves chiens usuels: le schnauzer éreinté, résistant à la pluie, peu compliqué et gris comme une VW et dans la fourrure sel et poivre duquel on trouve encore parfois les restes d'une salade de pommes de terre, quelques trombones, épingles à cheveux et tiques mal réveillées. Ensuite, les fidèles boxers avec leur face à la Sammy Davis jr., qui poireautent pendant des heures devant l'école en attendant leur petit ami pour lequel, si besoin est, il se laisserait transformer en chair à pâté. Ou encore le fox-terrier, nerveux, mangeur de rideaux, dont les oreilles sont aussi perforées à la suite de nombreux combats de rue qu'une carte hebdomadaire de travailleur. En outre, le berger perspicace qui, toute une vie durant, fait don de ses yeux aux aveugles et qui, pendant les guerres, marche docilement sur les mines-suicide pour son maître. Le légendaire Saint-Bernard des Dolomites, le basset munichois, mondialement connu en tant que pilote des retraités allant prendre leur trois quart. Et surtout le bâtard futé, éclatant d'intelligence, complètement massacré mais bien-aimé; enfant de l'amour, policier de santé des caves à bière, dernier ratier, vagabond de plein air, acteur de théâtre, beatnik, camarade et impayable ce qui explique d'ailleurs pourquoi personne n'arrive à en tirer un sou. Sa nourriture principale consiste en os qu'on lui jette à la tête, en saucisses volées dans les

Im Schatten bedeutender Bauwerke behauptet sich manche stille Existenz. Nicht nur blüht die Idylle rund um den Max-Joseph-Platz, sondern in dieser von Großkaufhäusern und Supermärkten beherrschten Gegend verteidigen auch erfreulich viele solide kleinere Läden ihre Daseinsberechtigung erfolgreich.

Mainte existence solitaire s'affirme à l'ombre de gigantesques œuvres – si bien qu'il n'y ait pas seulement une idylle en fleur, mais aussi bien une multitude de petites boutiques sérieuses défendant avec succès leur droit à l'existence dans ce quartier où les loyers record sont la règle, tout autour de la place Max-Joseph.

Many a quiet livelihood is earned in the shadows of a famous building. So here around the Max-Joseph-Platz is not only an idyll in full blossom, but also a heartening number of solid little shops successfully defending their right to existence in spite of the numerous big stores and supermarkets.

Die Auer Dult ist ein Markt für Raritäten aller Art. Im Frühjahr packt die Münchner der Tatendrang. Sie durchstreifen die Budenstadt und hoffen, unter Kitsch und Kuriosa einen vergessenen Alten Meister zu entdecken. Erfolgsmeldungen sind selten, die Liebe zur Dult jedoch bleibt lebendig.

La «Auer Dult» est un marché aux raretés de tout genre. Au printemps, les Munichois éprouvent subitement un besoin d'activité. Ils parcourent en tous sens la ville de boutiques dans l'espoir de découvrir un vieux Maître oublié parmi le kitsch et les curiosités. Les Bulletins de victoire sont rares mais l'amour pour «Dult» demeure vivant.

The Auer Dult is a market for rarities of all sorts. In spring, the citizens of Munich are infected by a fever of activity. They march through the city of booths and stalls and hope to discover an old master among the worthless trash and curiosities. Reports of success are seldom, but the love affair with the Dult does not flag.

Boutiquen,
Straßencafés,
Beatschuppen
und unablässigem
Bummel schicker
wie vergammelter
Typen. Diese
Leopoldstraße
aber ist das
öffentliche, das
exhibitionistische
Schwabing.

Schwabing n'est
pas seulement
situé sur le Boule-
vard Léopold, une
large avenue
bordée de
peupliers haute en
couleur avec ses
boutiques, ses
cafés-terrasses,
ses boîtes-beat et
la flânerie
incessante d'une
foule très
melangée. Cette
Léopoldstraße est
devenue entre-
temps, entre la
Feilitzschplatz et
le Siegestor, le
Schwabing public
et exhibitionniste.

Schwabing is not
just on the
"Boulevard
Leopold", a wide
avenue of poplars
with a gay mixture
of boutiques, side-
walk cafés, beat
dives and a
never-ending
promenade of
types more chic
than hip. But
this Leopold-
straße is between
Feilitzschplatz and
the Siegestor the
public, the
exhibitionistic
Schwabing.

cuisines d'auberges avoisinantes, en malédictions et en facteurs. Tous ces chiens font partie de la bande des sympathiques «saucisses-à-pattes».

Dans le second groupe, on trouve déjà les petits chiens d'agrément, de renommée et de chambre à coucher, les tyrans des familles amies des bêtes. Les caniches, loulous et cocker spaniel en font partie au même titre que le chow-chow à langue bleue qui a toujours l'air de se nourrir exclusivement de crayons encre. Ces chéris dorment fréquemment en plein milieu du grand lit conjugal et la famille se recroqueville en rond autour d'eux. Il arrive même que Monsieur doit leur apporter l'os artificiel et que, sur aboiement répété, Madame fasse le beau.

Outre les amis quadrupèdes muets, les Munichois d'origine tout comme ceux d'adoption ont toujours aimé et choyé les nombreux originaux, chanteurs populaires, comiques et autres citoyens curieux. C'est la raison pour laquelle des petites fontaines avec une statue en bronze ont été consacrées aux plus célèbres d'entre eux, Valentin, Weiss Ferdl et Liesl Karlstadt, sur le marché aux victuailles. En toutes saisons, les Walkyries du céleri et les marchandes déposent de petits bouquets ou quelques fleurs sur les socles des fontaines. Même en hiver, lorsque le marché vert est blanc de neige, leur fidélité demeure sans faille. C'est alors que Weiss Ferdl tient soudain dans sa main une gerbe de branches de pin déjà garnie, sur le dessus, du premier givre. On a l'impression qu'il est juste en train de savonner sa barbe avec ce blaireau singulier. Tout autour de lui traînent des branches de sapin argenté, des rameaux de gui dorés et des pommes de pin bronzées. Et de l'autre côté, son concurrent muet, le «Valä», avec au bout de son nez pointu une gouttelette brillante pareille à un diamant. Ce nez a ainsi presque l'apparence d'un coupe-verre. Les marchandes vendent de la mousse, des couronnes d'Avent, des chardons argentés, des sorbes et des coquerets. Pour se protéger du vent de décembre, la vieille Suzanne est emmitouflée comme le tuyau principal d'une installation de chauffage urbain. Cette année, elle porte même des mitaines d'un rouge vif, tricotées avec la laine des culottes, depuis longtemps trop petites, de sa petite-fille Irmi. Pendant ce temps, quelques carpes moroses, solitaires et renfrognées, font le tour de leur sombre baquet en attendant la fatale Saint-Sylvestre.

A l'époque de Noël, les petits garçons se souviennent très volontiers du théâtre des marionnettes de Munich, cette comédie des suceurs de pouces à laquelle le Père Schmid devait sa célébrité quasi mondiale. Une représentation a lieu presque quotidiennement et les sept petits nains en personne sont alors assis sur les sièges étroits, à côté du petit Muck, des grand'mères lasses de répondre à mille questions et des oncles bons enfants.

Lorsque les semaines silencieuses de la méditation et de la réflexion, de l'amour du prochain et de la fraternité sont enfin terminées, c'est de nouveau le tour des semaines de dévergondage et de libertinage. Et c'est le début de la cinquième saison, du carnaval de Munich. Le lieu de réjouissances le plus célèbre est toujours la Maison de l'Art. Le chroniqueur peut alors signaler en toute quiétude que cette usine d'amusement avec son ambiance d'une splendide lourdeur, tient tout ce que promettent les fêtes dites d'ateliers et de bohémiens. Déjà à l'entrée de cette Babylone de confettis se pressent les belles de nuit, au choix et en fonction des bourses et des goûts. Parmi elles, on trouve des sprats appétissants et des sardines savoureuses aux yeux innocents, qui attendent impatiemment d'être consommées. Certes, quelques requins sont aussi à l'affût. On les reconnaît très facilement à leurs yeux affamés; malheur au prétendant qui leur tombe dans les pattes. Même s'il s'agit du touriste carnavalesque rhénan le plus expérimenté, il est dépouillé complètement, en l'espace de deux heures, à l'exception de son billet de retour pour sa ville d'origine. Et il a l'air d'avoir joué le rôle principal dans la pièce: «Le vieil homme et la mer», non pas le vieil homme, mais le gros poisson dépouillé, bien entendu.

A dix heures du soir, l'air est déjà lourd et empesté à tel point qu'un parapluie y tiendrait debout tout seul. A ce moment aussi, la direction coupe le chauffage car les clients se réchauffent depuis longtemps eux-mêmes en vertu du principe du rinçage intérieur. Deux orchestres en nage jouent en permanence. Le boucan est tel qu'on se croirait dans l'usine Gutehoffnungshütte, après l'arrivée d'une nouvelle commande d'armement. Sur la piste de danse, ça commence à se trémousser et à gigoter comme sous le microscope de Robert Koch lorsqu'il découvrit jadis l'agent pathogène de la pustule maligne. Les belles se trémoussent et s'agitent comme si on leur avait balancé des pelletées de fourmis dans les collants. D'aucunes se sont limitées à recouvrir leurs taches de rousseur de cinquante centimètres de tulle. Mais à ce carnaval on voit aussi des jeunes filles originales qui n'ont pas peur du ridicule. Par exemple, cette vigoureuse amazone portant sur la tête une amorce percutante chromée, en quelque sorte un Stuka à pied. Sont également présentes, vingt-deux filles croustillantes de Winnetou. Qui aurait songé que le Vieux Peau-Rouge était si peu sérieux? Une fille déguisée en Rapunzel, du conte de fée bien connu, passe en trottinant. Quel est le chevalier ou l'écuyer qui ne serait pas tenté de grimper le long de ses nattes, au moins jusqu'au balcon. De toute façon, il y a de quoi s'accrocher en cours de route. Mais il y a surtout la blonde girl Charleston appuyée contre le bar en contreplaqué, rouge de honte. Des jambes allant jusqu'au menton et une poitrine

comme l'Arlberg en mai. Il ne reste plus qu'à citer Edgar Wallace: «Impossible de résister à son charme». Et à l'aube, les couloirs et les escaliers sont parsemés de formes humaines et de couples bizarres qui recouvrent le champ en jachère, pareils à ceux qui sont tombés au champ de bataille. Et le poète dirait: «Petit bourgeois, à ton retour chez toi, tu diras que tu les a vues couchées.»

Une fois passé ce clinquant, il ne reste de toute façon que peu de jours avant la nouvelle mise en perce où les innombrables sources de bière forte se mettront à sourdre. Entre-temps, le pauvre pécheur a encore juste le temps de faire pénitence. Etant donné cependant que les péchés innombrables commis pendant le carnaval sont généralement véniels, il suffit de procéder à un examen de conscience et de faire un pélerinage contemplatif dans les petites églises de Bogenhausen et Maria-Thalkirchen ou celle du vieux cimetière méridional. Désemparée, elle est située entre les blocs de béton aux grands yeux, comme si le bon Dieu l'avait prise par la main pour lui faire traverser la grande ville et qu'il l'ait perdue ensuite. Sur le toit, un pauvre clocher, fin et svelte au point que les gens prétendent qu'un cordon pour la cloche est inutile. De toute façon, on pourrait, en sonnant, secouer en même temps le clocheton. Et lorsque retentit le timide ding, ding, dong, c'est comme si l'on entendait la clochette d'un veau égaré dans les Dolomites.

Des pigeons blancs attendent sur le toit comme s'ils devaient poser pour le Saint-Esprit au retour du célèbre artiste qui a réalisé la fresque du plafond. De la vigne vierge pousse sur la façade ouest de l'église, devenue friable à force d'avoir été arrosée par les pluies. Même l'effigie du crucifié en est déjà quelque peu envahie. Pendant les chaudes journées d'été, les feuilles vertes compatissantes donnent de l'ombre aux affreuses blessures. A côté, un paratonnerre entre dans la terre sacrée. Oh pusillanimes que vous êtes!

A l'intérieur, la petite église est fraîche comme une pomme et ça sent l'encens, le sommeil et la paix. Aux murs, les saints, apôtres, évangélistes, martyrs, somnolent doucement. Les troncs des pauvres, la bouche en bois entrouverte, demandent l'aumône sans bruit. Les prie-Dieu, composés aujourd'hui encore de fines feuilles de bois précieux collées entre elles, sont fortement incurvés aux endroits où s'agenouillent les fidèles. En effet, les soucis des hommes pèsent lourdement sur les escabeaux. La chaize, petite et fragile, est collée au mur telle un nid d'hirondelle doré. Au-dessous, se trouve l'unique confessionnal, sombre et épuisé à force de pardonner les péchés. Des femmes vont et viennent, habillées de noir et timides comme des choucas. L'une d'entre elles se remplit un petit flacon d'eau bénite, jadis rempli d'un médicament puisqu'il est toujours muni d'une étiquette

avec la mention: «Vingt gouttes trois fois par jour.» Cette vieille en use pas mal de cette eau: elle tient de sa mère qu'on peut aussi, de temps en temps, en verser une goutte dans les repas. Ce n'est sans doute pas un péché, puisque le pain quotidien vient lui aussi du Seigneur. En pensée, une ménagère fouille dans les profondeurs de son sac à provisions. Elle a acheté quelques fleurs à Saint Georges, car feu son mari s'appelait aussi Georges. Mon Dieu, elle allait attraper le persil. Des gens arrivent sans cesse, usés et fatigués; d'autres encore, qui savent depuis longtemps que tout est vanité. Là-bas, un représentant de commerce. Il s'assied sur le sombre banc et appuie sa tête dans les mains. La serviette par terre s'entrouve laissant entrevoir des prospectus et un carnet de commandes rouge. L'homme se rend maintenant à l'autel.

Mais, que vient faire ici ce petit garçon en larmes? Il s'agenouille et pleurniche tout en sanglotant des: «Himmimamma». Rien de plus. S'agit-il d'un carreau cassé, de clefs perdues ou d'une mère malade? «Oh Notre-Dame! je vous en prie, n'abandonnez pas le petit Wolferl.». Non, la Vierge ne peut pas faire merveille pour une telle bagatelle. Mais elle caresse le visage du gamin de la main bleue du crépuscule naissant. Et c'est alors qu'il s'endort paisiblement après un dernier hoquet.

Dehors, au cimetière séculaire, le visiteur lit des noms célèbres de l'histoire de la ville de Munich: Dall Armi, Zenetti, Schwanthaler et peut-être aussi Xaver Krenkl. Et lorsqu'il est un tantinet familiarisé avec le petit monde tout autour du Vieux Pierre, il saura que ce fameux Krenkl était un maquignon bien connu. Un jour qu'il dépassa son souverain au Jardin anglais avec quatre fougueux chevaux noirs, ce qui, à vrai dire, était strictement interdit, et que Louis Ier de Bavière l'admonesta à ce sujet de l'intérieur de son carrosse, Krenkl répliqua en riant: «Mais, Majesté, quand on peut, il ne faut pas s'en priver.» Cela aussi fait partie de la manière de vivre dans cette ville des merveilles, où il fera toujours bon vivre jusqu'à la fin de ses jours.

Und wo sind die Schwabinger Künstler, die Literaten, Maler, Bildhauer? Die große legendäre Zeit des Künstlerviertels war schon um die Jahrhundertwende und dann noch einmal in den zwanziger Jahren. Heute, so sagen alte Schwabinger, wird der künstlerische Glanz im Lichtermeer greller Geschäftsreklame erstickt.

Et où sont les artistes, les hommes de lettres, peintres et sculpteurs de Schwabing? La grande époque légendaire du quartier des artistes remonte déjà aux environs de 1900 et autour des années 20. D'après les vieux Schwabingeois, la splendeur artistique est noyée dans l'océan de lumière de la publicité tapageuse.

And where are the Schwabing artists? The great, legendary time of the artists' quarter was at the turn of the century and then again in the 20's. The old Schwabing habitués say that today the artistic glow is lost in the blazing ocean of neon signs.

An Kirchen ist München bei Gott nicht arm. Sie begleiten die Stadtgeschichte vom Gründungsjahr 1158 an mit der ersten Pfarrkirche St. Peter bis hin zu den kleineren neuzeitlichen Gotteshäusern der Gegenwart. Der Dom, ab 1468 erbaut, ist das eigentliche Wahrzeichen Münchens.

Munich ne manque décidément pas d'églises. Elles se retrouvent tout au long de l'histoire de la ville depuis sa fondation en 1158 avec l'église paroissiale Saint-Pierre jusqu'aux modernes maisons du Seigneur de moindre importance. La cathédrale Notre-Dame, construite à partir de 1468, est le véritable symbole de Munich.

Munich certainly does not suffer from a paucity of churches. They accompany the history of the city from the year of its founding in 1158 with the first parish church, St. Peter's, right up to the smaller modern houses of worship of the present. The Cathedral, started in 1468, is Munich's actual landmark.

Eine Floßfahrt auf
der Isar,
womöglich mit
einer zünftigen
Blasmusik und
einem Faß Bier an
Bord, zählt zu den
Attraktionen, die
das lebensfrohe
München zu
bieten hat. Von
Wolfratshausen
aus geht's bis
nach Thalkirchen
hinein, wo auch
des Münchners
liebste Ausflugs-
stätte liegt: der
Tierpark
Hellabrunn.

Une promenade
en radeau sur
l'Isar, peut-être
avec un orchestre
de cuivres
entraînant et un
fût de bière à
bord, fait partie
des attractions
offertes par le «gai
Munich». On part
de Wolfratshausen
et on va jusqu'à
Thalkirchen où se
trouve aussi le
lieu d'excursion
favori des
Munichois, le parc
zoologique
Hellabrunn.

A raft trip on the
Isar with a snappy
brass band and a
keg of beer on
board is one of
the attractions that
fun-loving Munich
offers. It starts in
Wolfratshausen
and ends in
Thalkirchen,
where Munich's
favorite excursion
goal lies: the
Hellabrunn Zoo.

Siegfried Sommer
One has to like Munich

There's fame in a name – particularly if it rhymes to form an attractive catchword. Just think of "Tippecanoe and Tyler too" which long ago won somebody the presidency in the USA, or "Shuffle off to Buffalo", no true rhyme but a best seller in the 30's, which probably as a hit tune did more for that Lake Erie port than all the grain it has handled in the last hundred years, or perhaps Cadiz, where the students make love to the ladies. But what can you do with "München"? It is true that Americans have coined the phrase "Bruncheon in Munchen" but this is more a tribute to American inventiveness and audacity than to poetry. A serious poet has grave problems with "München", for the only world at his disposal is "tünchen", meaning nothing more than "whitewash", which doesn't lead to many happy, travel-promotion ideas, but rather – to strain poetic license – a political thought of "whitewashing" the "brown" past, to which Munich has no more claim than any other city in Germany.

Some people are unable to find anything nice to say about Munich. The worst of them state flatly, the people of Munich are either grumpy or drunk. One visitor from a foreign shore, Thomas Wolfe in his brief stay in Munich had every reason to believe this statement, because as an innocent bystander to a street fight in front of the Hofbräuhaus he was attacked by natives of Munich who were evidently both grumpy and drunk. Yet Thomas Wolfe praised Munich for the remainder of his days and certainly not just because of the good hospital care he received at that time.

But one thing you can be sure of, if you should ever repeat this reproach to a good citizen of Munich, he would reply: "You couldn't be more right, and whoever's right pays for the next beer." You see, Munich's connection with beer is not just a legend. Beer in Munich is not just a drink. It is food, it is refreshment, it is inspiration, it is "Gemütlichkeit" – and if you want to know what that means you must come to Munich to learn real living. For "Gemütlichkeit" is more than comfort, more than sociability, more than good spirits. It is the sum of everything everyone considers worthwhile in Munich.

There are no temperance leagues in Munich and why should there be? They have at least had a few clear-headed intervals in which they did manage a few feats which probably would have eluded prohibitionists elsewhere: the Deutsches Museum, the English Garden (admittedly designed by an American from Woburn, Massachusetts, who liked Munich well enough to spend the last years of his life here), the telescope, lithography and cornered three or four Nobel Prizes. But this is only a short summary of Munich. And so in Munich such unqualified censure is deemed the monopoly and sole privilege of the genuine natives – and of these, as statistics show, there will soon be just about as many left as there are giant lizards in the Galapagos Islands.

Most people who have been in Munich are far from negative. Travelers, businessmen, artists, diplomats, playboys, even the late Pope Pius XII, who as nuncio to the Bavarian Government had his residence here, and who is remembered by an elegant street, Pacellistrasse, in the center of the city, Americans who arrived with the occupation and just stayed on, Britons who came to teach or to write a book and who are still writing it or a later one, Italians who came, saw and were conquered, and are now as much a part of Munich and its lively population as the natives – these and so many others from all over agree on one thing: Munich is a love affair.

And why? Yes, why? How do you explain a love affair? Perhaps you start with the simple statement that a love affair is a matter of the heart. And Munich is the "big city with a heart". A heart for everyone: the romantic Wedekind, who erred along its yellow gaslight lanes at the turn of the century, imagining or experiencing his Lulu; or the madcap, barefooted Countess Reventlow, the Schwabing Succubus, smoking her cigars, holding court, loving and being loved; and the titan of 20th century literature, Thomas Mann, the exile from the North, who so vividly portrayed his love for Munich in his novels, roaming with his dog "Bauschan" through the jungle of the floodbed of the Isar. Where Mozart wrote his quintets in a lonely attic and even composed an opera.

But Munich was and is not all beer and skittles. Lenin lived and plotted for a few years in a Schwabing backroom. And even earlier radical, and yes, probably long-haired students forced their king to abdicate because of his almost senile infatuation for a longhaired circus equestrienne, then rubbed it all in by singing under the palace balcony "Oh that Lola Montez – she knew her business." The town on which Gustavus Adolphus descended with fire and sword, where later the Black Death took its toll, and still later the brown vermin sought their victims. It was here that an unknown day-labourer by the name of Adelmann shinned up the outer façade of the Mariahilf-Kirche and steadied himself on the cross to deliver a loud speech of protest – and all because the fire brigade had refused to employ him on the grounds that he was prone to dizziness at great heights.

Buffalo Bill once challenged a Bavarian Duke to a shooting match on the Theresienwiese and Gina Lollobrigida interpreted the old fairy tale "Seven at one stroke" in her own way by swallowing seven Weisswürste (delectable Munich veal sausages flavored with parsley) almost without stopping for breath. This is a city everyone loves one way or another. And what does a severe critic have to say when even though a Munich regiment stormed with drawn bayonets a historically famous ridge in

France, the Emperor wanted to know why then the Bavarians didn't think much of such a campaign? Whereupon he got as a reply from the marshal under the blue and white banner, "Well, you see, your Majesty, it's like this: my Munich people prefer a battle of beer-glasses to a battle of bullets."

And now, stranger or friend, tossed into this strange colony, often called the "rebellious free state" and wanting to get better acquainted with its capital, for many "Europe's secret lover", why not take a first look at it from above? From the cozy tower chamber of the Frauenkirche or from the platform of the almost 1000 foot high Olympic Tower, pointing into the sky like an index finger and seeming to say proudly "Hic rhodos, hic salta". Translated with some poetic license: "Here is Munich, here they will leap." So you glance down at the redheaded houses of the nearby city and into the asphalt canyons acrawl with ridiculous motorized insects. And slowly you begin to find yourself. That silvery rivulet tricking from the South is, of course, the fabled green Isar. But from this bird's-eye view it looks as if one of the giant mountains from which it arises had sprung a leak. And so it twists and turns through the countryside and the city, seeming to ask everyone it encounters: "Excuse me, is this the way to Deggendorf? You see, I just have to meet the Danube there."

And when that much-maligned south wind, the foehn, spills its warm, nerve-racking, lethargy-bringing breezes over the Alps, which the true Munich native will blame for just about everything that can and does go wrong on such a day – an auto accident, bad temper, slow service, high taxes, headaches – then the mountains are so near that from your vantage point you think you can reach out and caress them and oh, how you would love to be on those sunkissed, glistening heights, stretching in an unbroken panorama from the Kaisergebirge to the fabled Zugspitze.

And anyone who knows his Alps can readily make out that dark elephant's back – the Kampenwand, unworthily paired with "Wampen" (paunch) in a local spoonerism about the adipose tourist whose figure forbade him this classical climb.

Anyone with a little fantasy will see in the Munich at his feet a frosted picture post card or a sentimental "be my Valentine" pasted in a book of happy memories. Not far from the merry-go-round prairie of the Theresienwiese he will discover the stylized red Protestant St. Matthew's Church, called by many because of its bold design "Martin Luther's roller coaster". Further left the Peace Angel, the golden optimist, resolutely but with by now a certainly paralyzed bronze arm, holds a palm branch against the gossamery blue sky. No doubt in this city of records, the imposing statue holds the world record for continuous

admonition. To the north can be seen Munich's Vesuvius, the Moosach gasworks, merrily puffing steam rings into the air. And there, five fingers to the left, is the metallic grandmother of all you can see and so much more, the Bavaria Statue. For those who like to observe in comfort, a special feature: the head contains a small couch. Yet further in the encompassing green of the English Garden the Monopteros Hill with its miniature Greek temple is just a bump on the surface, but a favorite rendezvous for bearded students, revolutionaries, lovers, runaways from all Europe and America. No one knows the secret of the strange fascination of this place, but go there yourself and look at Munich from afar, and perhaps you too will want to return to the magic site.

But back in your TV crow's-nest your glance will inevitably fall on the steeple of venerable old St. Peter's, which curiously has eight clock faces. It was an age-old question why there were eight until that universal genius Karl Valentin (pronounced with an "f", if you please), often unjustly regarded only as a Munich comedian, although that in itself would be enough, delivered to a waiting world the final word. He solemnly stated that there were eight clock faces on St. Peter's so that more people could tell the time at the same time, and the four lower faces were for shorter people.

And if you are fortunate you will then hear the eleven tenor strokes of the City Hall clock announcing also the start of the daily mechanical clockworks. And as if by clockwork the heads of hundreds of curious sightseers snap back, mouths open in wonderment, cameras go into position, light meters are hastily read, thumbs are held in the guide book, children are hush-hushed to attention, movie cameras record the scene humming like a swarm of bees in the late morning sun. And what they see is perhaps not so interesting as the colorful scene they themselves present: dainty sari-clad Hindu ladies with the mark of nobility on their foreheads; lads and lassies from Scotland, generous with attention; smiling Japanese, optically complete; classical Greek heads; and ancient American ladies with the unfailing uniformity of cultured and seasoned travelers: immaculately sculptured silvery blue hair, bejewelled spectacles, head scarves and infinite patience. As soon as the first tinkling sound filters down mouths are opened wider as if to gargle with it. Some just grit their teeth. But the Münchner Kindl well beyond their reach at the very top has no fear of being bitten.

After eleven o'clock in Munich the classical time for weisswurst and the other snacktime delicacies, the area all-around the moist heart of Munich, the "Reserved Table for everyone", the Hofbräuhaus bustles with activity. Every even half-educated Munich tourist knows what a "Schmankerl" is. Very simply a half-fulfilled promise to the stomach: too much to be hungry, too little to be satisfied. Unfortunately these

Das Münchner Oktoberfest: Hochburgen der Geselligkeit sind die riesigen Bierzelte der Münchner Braue-reien, die in den gut zwei Wochen vier Millionen Maß Bier ausschenken. Einige Daten auch über den Verzehr: 1,3 Millionen Paar Schweinswürstl, 490.000 Brathendl, 29.000 Schweins-haxn und 35 am Spieß gebratene Ochsen.

La Fête d'Octobre de Munich: Fiefs d'une intense sociabilité, les immenses tentes à bière des brasseries débitent quatre millions de chopes de bière en quinze jours. Quelques renseignements encore sur la consommation: 1,3 million de saucisses de porc, 490.000 poulets, 29.000 pieds de porc et 35 bœufs rôtis à la broche.

The Munich Oktoberfest: Strongholds of the boisterous sociability are the giant beer tents of the Munich breweries, which in just over two weeks serve 4 million steins of beer. Some figures on the consumption: 1.3 million pairs of pork sausages, 490,000 bar-becued chickens, 29,000 hams and 35 oxen roasted on spits.

Das Münchner Oktoberfest ist das größte und traditionsreichste Volksfest der Welt. Es beginnt zur Verwunderung der Fremden schon in der zweiten Hälfte des Septembers und hält die Stadt und ihre in Scharen herbeieilenden Gäste 16 Tage lang in Atem. Der Ursprung des Festes geht auf das Jahr 1810 zurück.

La Fête d'Octobre de Munich est, de toute évidence, la fête populaire la plus importante et la plus riche en tradition du monde. A la surprise générale, elle commence dès la mi-septembre où le temps est encore beau, et tient en haleine, pendant 18 jours, et la ville et les foules de visiteurs de toutes parts. L'origine de cette fête remonte à l'année 1810.

The greatest popular festival with the most traditions is demonstrably the Munich Oktober-fest. To the amazement of everyone it begins in the second half of September and keeps the city and its troops of swarming guests breathless for 16 days. The origins of the festival go back to 1810.

Nirgends sonst sind so viele alt- bayerische Charakterköpfe zu sehen. Wenn der farbenprächtige Trachten- und Schützenzug auf seinem Weg durch die Stadt in der Budenstadt am Bavariaring eingetroffen ist, wimmelt es nur so von ur- wüchsigen Typen.

Nulle part ailleurs on rencontre autant de vieilles têtes bavaroises caractéristiques. Lorsque le cortège folklorique haut en couleur des costumes régionaux et de la société de tir arrive au Bavariaring, dans le quartier des boutiques et des chopes, après avoir traversé la ville, c'est un fourmillement de types originaux.

Nowhere else can you see so many original Bavarian characters. When the colorful costume and marksmen's parade has wended its way through the city to the city of booths on the Bavariaring, there are swarms of really genuine types.

between-meal delicacies are dying out – even in this capital of good living. Although here the old Bavarian maxim still prevails: "Freeze while working, sleep while praying, and sweat while eating." But even today you can still obtain these delectable "stomach teasers" in the "Bratwurst-Herzerl" near the Viktualienmarkt; further in the "Markthof", in "Blauer Bock", in "Haxnbauer" or at "Räucher-Onkel" (which might be roughly translated as "Smoky Joe's"). At one of these you may be able to obtain hog jowls, a spleen sausage in bread soup, pickled sweetbreads served on a wooden platter, a small portion of stew or a serving of boiled beef, and certainly lung ragout with dumplings, chitterlings and last but not least the so-called "Bureaucrat's steak" Leberkäs, liver cheese, in which there is naturally just as little liver as there are queens in another favorite, Queen's Soup. But don't neglect this delicacy for this or any other reason. It may best be described as a fairly solid, but very juicy and very tasty meat loaf. The true connoisseur eats it warm as it comes from the butcher shop direct from the wrapping paper – which for many years after the war was newspaper – and, if you please, with the fingers. It is the typical afternoon snack, just as weisswurst is the morning "pick-me-up".

One of the most famous snack oases has always been the "Nürnberger Bratwurst-Glöckl" in the shadow of the majestic Cathedral, which the sophisticated snack-taker entered with almost the same silent reverence as the consecrated cool vaults of the Frauenkirche just over the cobblestones. For 170 years the hungry have been served all the tidbits of the white and blue paradise by honest hosts and the thirsty have been slaked with the "soup from the keg", all this time by the same dynasty of tavern keepers.

The real and enduring Mecca of the Western world for the thirsty is the Munich Hofbräuhaus, which according to a semi-official public opinion poll is better known than the Cathedrals in Ulm and in Strasbourg combined. Josephine Baker, the newspaper czar Hearst, and the black superathlete Jesse Owens have lifted their steins here with equal enthusiasm. Even "Adolf of the Thousand Years" made his headquarters here for a time, which inspired a clever janitor right after the war to sell the chair used by the "Führer" more than a dozen times to souvenir-happy Yankees for Chesterfields and Lucky Strikes. And a famous bandmaster of earlier days always had a ready explanation why the liquid bread was particularly good in this region of the "Platzl": Napoleon once presented him personally with a five-carat diamond for his lovely melodies and this accidentally fell into the brewing vat and has imparted to all local beer since its peculiar brilliance and sparkle.

Yet another Munich beer paradise is the Nockherberg, the source of world-famed Salvator beer, that bittersweet brew which the older natives claim is the only vegetable they can still chew. A former Lord Mayor wrote in the guest book "Thank God for my thirst, may I drink till I burst." The real Olympiad of beer mugs is the Oktoberfest held annually on the Theresienwiese, a huge level area at the foot of the Bavaria Statue. Think of Coney Island, Donnybrook Fair, the Kentucky Derby, Ascot, the Rose Bowl Parade; call up visions of dancing girls, barkers, Indian medicine men, trained bears, midgets, giants, fancy bright-eyed children in sheer delight at the never-ending movement of gay colors, the rotating, jumping, racing, waving lights, at the roaring, seducing, toe-tapping, hip-swaying music of brass bands, calliopes, yodelers, at Punch and Judy; scent in anticipation sweet malt and pungent hops, burnt almonds, the mouth-watering goodness of the drippings from oxen being roasted on a spit over a deep bed of charcoal, the unmistakable down-to-earth, like-mother-used-to-cook sharpness of pork sausages with freshly grated horseradish, the tang of salted fish grilled over the open fire; put these all together and you will still have only a faint idea of the reality of this greatest of all popular festivals. For two weeks in the golden autumn days Munich is host to itself, to Bavaria, to the world. It is an annual renewal of the bonds of good fellowship, of the joys of the simple things of life, of Munich's intimate relationship to its surrounding countryside. It is no accident of planning that an agricultural show is held alongside the Oktoberfest. So it was in the beginning when the King of Bavaria staged a giant show for his good citizens in honor of the marriage of his son, the later King Ludwig I. And so it has been ever since for Munich loves and respects tradition. Just as it has become tradition to complain about the price to be charged for beer at the Oktoberfest.

On hot summer evenings not only Munich's beer aristocracy, those who have mellowed and waxed in wisdom and girth with beer, but also the younger generation gather in those wonderful oases of simple pleasure, the beer gardens. They are all there under the century old chestnut trees of the Augustinerkeller, enjoying their repose with strange birds at their feet picking up crumbs from the sandwich wrappers while jaunty wagtails whip over the pleasantly crunching gravel. Of course there are some here who don't know whether the handle of a beer mug is on the left or the right, but they all come, to paraphrase the Bible, with the vow: "It is good here, let us buy three liters." And then everyone here is equal. The former Minister of Defence Strauss is peaceful enough as he addresses himself to cheese with beer, while Richard Widmark, the Western hero, cuts a huge Munich radish into exactly three slices, and there under a faded elderberry sits ex-Empress Soraya holding hands with a retired Officer of the Guard, both with a "Lovely world, you are going to the dogs" look of

resignation. There is no music and nothing disturbs the conversation, for here the unwritten but strictly observed rule bans all noise forever: somewhere hidden behind the bushes is the block on which Johann Stopfer bared his neck to the axe of the public executioner for a gory crime of passion – the last exemplary execution.

The lovely ladies of Munich present much less of a problem than their unspeakable dialect. Munich has become a Mecca for pretty girls and well over ten thousand of them arrive every year from other parts of Germany to enliven the scenery, to populate the offices, to staff the shops, to model, to act, to sing, to dance. Munich is a good place for all these things, and perhaps for this reason the girls here have a certain flair for dressing well, for good carriage, for grace and charm. It is no accident that Munich has developed into an international fashion center: These girls have to be dressed; and they provide the best possible promotion for Munich's exciting fashion creations.

And the girls all seem to flock to Schwabing, Munich's artistic heart, for there in the midst of a carefree elegance second to none in the world, not forgetting Montmartre, swinging London and Greenwich Village, they are at home. This is their true habitat. Sit in one of the sidewalk cafés near the Siegestor along the world's boulevard of dreams, Leopoldstrasse, and watch them pass by under the stately and sensitive poplars. Observe them, admire them, adore them – and not from afar – as they stroll – no, stroll is too casual, these maidens are too determined, but they do not march; thank God, there is no uniformity; they stride, but that is too masculine, and that they are not, these boulevardières. And when they sit in one of the Espressos, the milk bars or the Pizza Palaces, and stretch their nylon-pampered, longer-than-a-day-in-June legs, who can resist these temptresses, these transplanted Loreleys? Who can resist the distinct fragrance of Chanel No. 5 and Commandment No. 6?

But off the beaten path, "on the left where the heart is", the wanderer can still find one of the old ateliers where the original inhabitants of this "City of Dreams" lived and loved. On the Kaiserstrasse or on Habsburger Platz the Art Nouveau houses are still standing from which a crumbling sandstone madonna benignly smiles down on the ancient street. And way up above there in the garret is there not perhaps a forgotten Spitzweg, a minor Lenbach or a revolutionary Paul Klee concealed behind the half-obscured window? The works of the master gaze down from the walls of one of these cobwebbed studios. Framed and unframed. Early masterpieces and late essays. And among these over and over again the same girl with ringlets and healthy tomato-hued cheeks, now as "Maiden with Roses in March", later as "Reclining Nude" and finally as "Woman in September". And if fate has been kind to this

garret Dürer, his Muse has remained faithful to him and it can just happen that the "March Maiden" storms through the open door lugging a bag of celeriac, whose wrinkled heads and straggly hair resemble her own December countenance, just as he takes his leave.

Many highly touted cafés and even concealed and practically unknown small beer taverns still enjoy in this former capital of the arts the reputation of being real artists' haunts. One of these is the "Klösterl" in a quiet side street in the theater district. From the ceiling of the small rectangular room a wagonwheel, a pitchfork and a horsecollar are suspended. To the left a green tile stove on top of which two batteries of French peasant wines repose in warm comfort. Every time the thick entrance curtain parts to reveal a popular minor or completely unknown thespian, this comedian remains on stage for a second or so radiating his presence on the bourgeois bit players already assembled. Usually he stretches forth his hands simply and modestly as if to proclaim like Martin Luther: "Here I stand, I can do naught else." Quiet, half-forgotten silent film stars sometimes come here, reminding one dimly of Adele Sandrock or Rudolf Forster, the Count of Monte Cristo. Industrious dubbing artists congregate here as well as the heroes from the nearby Little Theater, still removing their Macbeth beards and Mac-Heath sideburns as they prepare to devour their boiled beef with horseradish. And here in this refuge of mimic scoundrels as in all other sociable restaurants in Munich, a dog is still welcome.

50,000 "bow-wow machines" are officially registered in Munich, for Munich's much publicized heart does not beat in vain, it beats almost visibly for its animals. Probably the largest group is made up of the utility companions. The long-suffering schnauzer, rainproof, uncomplicated and as gray as a Volkswagen. Next in popularity is the boxer with its Sammy Davis Jr. face, sitting for hours in front of the schoolhouse waiting for his ABC scholar-master, for whom he will go through hell and high water. Or the wiry fox terrier whose ears have been so bitten in street brawls that they resemble lace curtains. Then there is the clever German shepherd who lends his eyes on a lifetime contract to the blind. But Munich would not be Munich without its Dackel (dachshund) – the official mascot of the XXth Olympic Games. Dackels never walk, or run, or promenade or cavort like other dogs. They are walked. They are never alone, they are accompanied by their master or more frequently by their mistress. For Dackels learned long ago in Munich that there was a great gap of affection to be filled among the lonely, the disappointed, the recluses, those who in the shuffle of the sexes drew a blank and remained single, those whose children and grandchildren are in Milwaukee or Melbourne.

Munich has room in its heart not only for four-legged pets; it embraces

Sportbegeisterung in einer Olympiastadt versteht sich von selbst. Publikumslieblinge sind die Fußballer (im Bild die Stars des FC Bayern). Unabhängig von olympischen Sportstätten gibt es seit Jahren 23 Bezirkssportanlagen, kleinere, gut ausgestattete Sportzentren, die einen großen Zulauf haben.

L'enthousiasme pour le sport va de soi dans une ville olympique. Les footballeurs (illustrations: les stars de FC Bayern) sont des favoris du public. Indépendamment des stades olympiques, on dispose, depuis des années, de 23 terrains de sport de quartier, de petits centres sportifs bien équipés qui jouissent d'une grande affluence.

Enthusiasm for sport in an Olympic City is a sine qua non. Soccer players are favorites of the public (illustration: the stars of FC Bayern). Quite independent of the Olympic sport facilities there have been for years 23 district sport installations and grounds: small, well-equipped sport centers enjoying good participation.

Fasching in München, das ist fast schon eine Weltanschauung. Die großen Schlager bleiben originelle und deshalb stets übervölkerte Maskenfeste wie die der „Damischen Ritter". Allgemeine Tendenz auf den 2000 Bällen einer Saison: mehr Kostüme, weniger Orden.

Carnaval à Munich, c'est presqu'une idéologie. Ce sont les fêtes costumées, originales et partant toujours surpeuplées, comme celles des «Damische Ritter». Tendance générale des 2000 bals d'une saison: davantages de costumes, moins de décorations.

Fasching in Munich is almost a philosophy of life. The big hits remain the original and therefore always overcrowded masquerades such as that of the "Daffy Knights". General tendency observed at the 2000 balls: more costumes, fewer medals.

Ein öffentliches Maskentreiben kennen die Münchner von jeher am Faschingsdienstag, wobei die Marktfrauen auf dem Viktualienmarkt ein vielbestauntes Sondertänzchen einlegen und die närrischen Tollitäten noch einmal huldvoll ins Volk grüßen.

De tout temps, les Munichois ont organisé, dans la rue, un défilé carnavalesque pour le mardi gras, où les marchandes présentent un intermède sous forme d'une petite danse spéciale sur le marché aux victuailles et où les Majestés carnavalesques saluent encore une fois leur peuple avec clémence.

Munich has always known a public masked brawl on Mardi Gras, when the marketwomen of the Viktualien-markt put on a much-admired special dance and the Lords of Misrule once again respect-fully greet their subjects.

a swarm of characters, eccentrics, comedians, balladsingers: Scarcely known beyond the city walls because they were and are so closely identified with Munich, they thrived in the beer halls where they sang, told jokes or were funny in a sad sort of way. The greatest of them, Karl Valentin, Weiss Ferdl and Karl's female foil Liesl Karlstadt have long passed to a greater stage. Too early for TV, they are fortunately preserved in a few old films and on records – and on the Viktualienmarkt in the form of three fountains faithfully preserving the essence of their wit, their inoffensive scurrility, their black humor – although the term would have been rejected by them. Valentin didn't consider anything to be "humorous": things were what they were. If you thought they were funny, maybe you should have your head examined, he would have said.

The Viktualienmarkt is the center of Munich. It is the heart, the bosom, the spring of life. It reflects the passage of the seasons more accurately than the weather or the calendar: from the first pussy willows in March used also in place of palm branches on Palm Sunday; through the precious chervil for the deep green soup, always miraculously on hand for Maundy Thursday, a movable feast; then the strawberries, the first from North Africa, and then Israel, and up through the climes till the full-flavored domestics are there; and who would not be a gardener here with plants from the greenhouses spread out on the sidewalk just begging to be taken home? Pungent lemon-yellow marigolds, already in bloom; scarlet sage, afire with enthusiasm; floppy petunias, bursting with expansive energy; cabbage, tomato, cucumber, lettuce. As spring passes into summer, raspberries, blackberries, red currants and black, peaches, plums and pears, apples and grapes tread on each other's heels. And in the autumn, what a blaze of glory: purple grapes from Merano, golden pumpkins, red and yellow apples from the Lake of Constance. As Christmas approaches there is no let up in activity: chestnuts for roasting at home, and already roasted from the iron grills, smelling delightfully burnt and betraying their Italian origin in their name "heisse Maroni", hazelnuts, niggertoes from Brazil, walnuts and almonds for the Christmas fruitbread; Christmas trees, pine cones, mistletoe and holly, spruce twigs to be wound into a wreath to hold the four Advent candles.

But this is only the "green" market. Adjoining it on all sides under the protecting bulwarks of St. Peter's and the Holy Ghost Church are the fish market with trout for lovers, carp for Christmas, lobster for snobs and codfish for the people, the butcher's stalls, the booths where you stand for chitterlings, tripe or sweetbreads, hot and tasty, game: venison, boar, hare, pheasant, partridge, and conveniently next door, cheese and red wine, and then honey in the comb, strained honey,

mead, and of course beeswax candles, plain, twisted, colored, baroque gothic, modern, hunting scenes, manger scenes, all in wax.

And just a five minute stroll away past Munich's most entrancing olfactory delight, the herb paradise, where every day queues wait patiently to be served by modern medicine men dispensing favorite teas: chamomile, hound's tongue, sage and mint; exotic spices: cloves from Madagascar, cinnamon from Celebes, curry from India; remedies for all ailments: ginseng from Korea, garlic from Italy – where no promises are made but the faith of the wizened elders reinforces the strength of the age-old magic of nature – just past this paradise for the aged is the paradise for the very young: the Munich Puppet Theater, where magic becomes reality; where the stage and real life are so intermingled that every performance, no matter how many thousand times it has dangled before wondering eyes; where nothing is really new, for the eager small fry have been indoctrinated with Punch and Judy (called here Kasperl und Gretel) since the age of preception.

The curtain goes up to reveal the wicked wolf and the seven kids. A golden-haired angel knows what is going to happen and lets out a plaintive cry. Her braver neighbor clutches her doll so tightly to her four-year-old breast that the plastic placater begins to give off despairing sounds of its own.

And as the green forester makes his appearance he is greeted with jubilation by the infant heroes: "Give it to him, Kasperl", encourages one bold partisan, accompanying his combative exhortation with such a swing of his puny but inspired clenched fist that his dozing grandfather receives that blow on his Löwenbräu-healthy nose intended for "Kasperl's" non-existent antagonist on the stage.

And then the wolf pounds threatingly on the door, intent on his meal. The kids on the stage are apparently not as bright as those in the audience, for they – the enlightened audience – have instant piping, squealing advice: "Don't open, please, don't", and one energetic lass of four, who apparently contrary to all pedagogic advice has not wasted her forbidden minutes in front of the tube, gives an even more practical tip: "Call the cops!" And so the tale proceeds to its denouement which is as thunderously applauded as Fidelio is that evening by the elegantly dressed older generation in the Nationaltheater, which believes just as firmly in the triumph of good over evil.

Once the quiet weeks of Advent and the joyous Christmas season have been deposited with the Old Year in the treasury of memories, Munich's fifth season – Fasching – starts.

It would appear that the root of Fasching lies in the primeval fear of long nights and the double occupation of filling them with amusement and driving out the evil spirits with boisterous noise and frightening

masks. That's the theory. And the practice isn't much different, for the evenings and nights are filled with entertainment and almost all of the balls are masquerade. In Munich there is heavy emphasis on participation: dancing, drinking, parading, singing, flirting; elsewhere, there tends to be a more passive spectator-oriented entertainment, with speeches, skits, parodies, reviews, put on by well-rehearsed amateurs, with an increasing political flavor.

Many a tavern in the inner city or the suburbs, many a country inn in the charming villages within a neighborly radius of the big city, many an establishment in the sterile new satellite settlements has found a partial economic salvation in the cash-register ringing Fasching celebration. These sociable centers of years gone by face hard times. Gone the happy days when the entire neighborhood sought and found its entertainment accompanied by food and drink here. Gone the prosperous nights when the local businessmen gathered here to talk business, politics, and what not, while the bustling, buxom waitresses (yes, they were that despite the cliché) happily evaded loving pats and tallied up the steins on the coasters. Two modern inventions have changed this idyll: the car and TV. And to encounter these two marvels of modern technology the hosts of taverns have enlisted the powerful aid of the age-old Fasching tradition. They have revived the magic, demons-of-the-night-repelling charms, they have reintroduced the neighborhood to itself. This is the Fasching of the average citizen. He pays a modest cover charge, drinks a bottle or two of champagne, feels foolish in the fantastic costume his wife has put together for him, is happy that the masks give him the apparent freedom to dance and flirt with anyone he pleases, and tonight he is all pleasure. It costs a pretty penny, of course, but so what? This is life. And for those who are too old to stay up so late or who do not like the noise and merriment, an institution also exists: the "Kaffeekranzl", an afternoon coffee party frequented by the elderly with the inevitable suppliers, who in a short season cannot possibly attend all the house balls being held in their delivery area, and the host is just as happy to see them here. Coffee is served and huge slabs of cake which surely for pure massiveness and wholesomeness can be found nowhere else in the world: Apple cake, cheese cake, rum cake, Prinzregententorte, a delectable multi-layered cake with chocolate filling, and its Viennese cousin, the Sachertorte, further for purists Krapfen, plain and filled heavenly light doughnuts, and "Ausgezogene", which the connoisseurs claim can only be correctly shaped on a housewife's knee, and then colorful fantasies of pastry, fruit and custard, all accompanied by mountains of whipped cream. To each his own!

And when it's all over, the gay, mad, slightly wicked time, there are only a few days for rest and contemplation, before the next round of gaiety, admittedly more restrained, but certainly no more sober, begins: for then the kegs of bock beer are tapped, and this first sign of spring must be properly celebrated. This is by no means pagan, but rather completely Christian, for the monks in the Middle Ages really fasted strictly: no meat, no butter, no eggs. But they too were workers and needed some nourishment. They were permitted a mug of beer daily and since they brewed it themselves, they insured its nutritional value. In the short period of Lent from Ash Wednesday to this next social obligation there is just enough time for penance for the poor sinner. But since Fasching sins lie light on the judgement scales and are never more than venial, an examination of conscience and a salutary pilgrimage to the little old Bogenhausen Church, to Maria-Thalkirchen or to the chapel of the Old South Graveyard suffice. There it stands helplessly entrapped between the gawking concrete mammoths on all sides, as if the good Lord had led it by the hand through the big city and then lost it. It has a very meager steeple on its roof, so thin and pinched that people say no rope is needed for the bell, for you could ring it just as easily by shaking the steeple. And whenever the shy tinkle announces sad tidings, it sounds as forlorn as a stray calf in the Alps.

And outside in the centuries old hallowed ground, the observer reads famous names from the pages of Munich history. Dall Armi, Zenetti, Schwanthaler and perhaps Xaver Krenkl. And if he knows just a little about that miniature world surrounding old St. Peter's, he will recall that it was just this Krenkl, a horse trader whose steeds sometimes made those of the Bavarian Royal stables also-rans in the Annual Races. And once this Krenkl in his coach drawn by four coal-black prancers overtook his king in the English Garden, which was strictly forbidden. Ludwig I leaned out of his carriage to reproach his disrespectful subject, who laughingly replied "Well, Your Majesty, if I can, I may" and rode on. And this too belongs to the way of life in this city of wonder, where it will always be lovely to the end of time.

Or until the Münchner accepts for his own that consoling verse engraved in metal on the north wall of the old church:

"Rest well here, the rich man sinks down peacefully to the abused beggar and sleeps."

Überall dort, wo „die Isar durch's Stadtl fließt", ist München noch am ehesten heimelig, auch den alten Münchnern wohl vertraut. An einem frostigen Wintertag liegt hier, nahe von St. Maximilian und nur wenige Meter von großstädtischem Leben entfernt, ein stiller Zauber über dieser scheinbar zeitlosen „Stadt-Landschaft".

Partout où «die Isar durch's Stadtl fließt» – c'est-à-dire où l'Isar parcourt la ville –, Munich offre encore son ancienne intimité, celle qu'aiment les vrais Munichois. Ici, à un jour glacial d'hiver, une atmosphère calme de charme s'étale sur ce «paysage de ville» qui semble intemporel – tout près de l'église Saint-Maximilien et à quelques mètres seulement de la circulation urbaine.

Wherever the Isar is flowing through the city, Munich still has kept its homelikeness – the same the ancient inhabitants are accustomed to. Here, a quiet charm seems to lie over this „townscape" seemingly out of time, near St. Maximilians Church, but only quite a few steps off from the life of the big city.

Levin von Gumppenberg

Acht Jahrhunderte
Stadt München

Unweit der Stelle, wo sich heute auf einer Fläche von über 300 Quadratkilometern die zweitgrößte Stadt Westdeutschlands ausdehnt, führte zu
Beginn des 12. Jahrhunderts die berühmte Salzstraße über den Isarfluß.
Den Brückenzoll für die von Salzburg nach dem Norden gehenden
Warentransporte kassierte der Bischof von Freising. Der Welfenherzog
Heinrich der Löwe, der dem Bischof die wirtschaftliche Vorrangstellung
neidete, zerstörte 1158 die Zollbrücke in einem Handstreich und ließ
ein Stück flußaufwärts, bei der Einsiedelei „Zu den Munichen", eine
neue errichten. Dank des gewinnbringenden Salzhandels, der von nun
an über die neue Isarbrücke seinen Weg nahm, vergrößerte sich die
Siedlung rasch. Noch im gleichen Jahr verlieh ihr Kaiser Friedrich
Barbarossa das Markt-, Münz- und Stadtrecht.
Fast 100 Jahre blieb München eine wohlhabende, aber unbedeutende
Landstadt, bis es 1255 Residenz der Herzöge von Oberbayern und
unter Kaiser Ludwig dem Bayer (1314–47) politischer und geistiger
Mittelpunkt des Hl. Römischen Reiches wurde.
Von den Kirchen aus der Frühzeit ist nicht mehr allzuviel geblieben: Die
meisten gingen in der Säkularisationszeit Anfang des 19. Jahrhunderts
verloren. Münchens ältestes sakrales Bauwerk ist heute die 1181
gegründete und in den folgenden Jahrhunderten wiederholt neu- und
umgebaute Stadtpfarrkirche St. Peter.
Mit dem Jahr 1504, als München Residenz- und Hauptstadt des
Herzogtums Bayern wird, beginnt die große künstlerische Entwicklung
der Stadt: Unter Jörg von Halsbach entsteht 1468–88 die Frauenkirche,
eine der großartigen aus Ziegeln errichteten altbayerischen Hallenkirchen
mit Chorumgang und Kapellen. Auf dekorativen Schmuck verzichtet der
Baumeister fast ganz, die monumentale Wirkung des Gotteshauses
wird durch das Ineinandergreifen einfacher, wohlgegliederter Baumassen erzielt. Die beiden von „welschen Hauben" gekrönten Türme
gehörten damals wie heute zu den Wahrzeichen der Stadt. Zwei
weitere Backsteinkirchen aus dieser Zeit sind die Kreuzkirche und die
Salvatorkirche mit ihrem hohen spitzen Turm. Aus dem späten 15. Jahrhundert stammt auch die Schloßkirche von Blutenburg, deren kostbare
Einrichtung – die Altäre des Polen Jan Pollak, die Madonna- und die
Apostelfiguren eines unbekannten Meisters und die einzigartigen Glasfenster – vollkommen unversehrt geblieben sind. Die schönen Bürgerhäuser aus der Zeit um 1500 fielen fast alle den großen Veränderungen
in der zweiten Hälfte des 19. Jahrhunderts zum Opfer. Ein Überbleibsel
ist der Salzstadel. Zu den hervorragenden Künstlern, die damals für
Herzog und Bürgerschaft tätig waren, gehörte der aus der Oberpfalz
stammende Bildschnitzer Erasmus Grasser, dessen bezaubernde
Moriskentänzer man heute im Stadtmuseum bewundern kann.
Das 16. Jahrhundert bringt einen Niedergang des Bürgertums. Das
geistige und künstlerische Leben verlagert sich an den Hof der Herzöge.
Es ist vor allem Albrecht V., der mit kaum vorstellbarem Sammeleifer
den Grundstock zu den inzwischen weltberühmt gewordenen
Sammlungen Bayerns legt und der auch die Wissenschaft und schönen
Künste kräftig fördert. Von den Bauwerken aus der Zeit seiner Herrschaft ist der Hof der Alten Münze und das Antiquarium in der Residenz,
die schönste Renaissancehalle außerhalb Italiens, erhalten geblieben.
Die ebenso großartigen Innenräume der Residenz kennen wir heute nur
noch von Abbildungen. Wie sehr sich schon damals in München die
verschiedensten Kunstströmungen ganz Europas verbanden, beweist
der Bau des Antiquariums· Der erste Entwurf stammt von Jacopo Strada
aus Mantua, gebaut hat es Wilhelm Egkl, ein Bayer, ausgemalt haben
es Niederländer, Flamen und Bayern. Die bayrische Pracht, wie sie sich
zur Zeit Albrecht V. in München manifestierte, war im ganzen Reich
berühmt.
Wilhelm V. setzte die Bau- und Sammeltätigkeit seines Vaters Albrecht
trotz finanzieller Schwierigkeiten fort; ihm verdanken wir vor allem
St. Michael (1583–97). Der einzige große Kirchenraum der Renaissance
in Süddeutschland ist noch im antiken Geist gehalten, wie ihn die
Renaissance verstand. Raumform und Ausstattung von St. Michael sind
später für ganz Bayern zum Vorbild geworden, nicht zuletzt auch für die
Residenz-Neubauten Maximilian I. Neben der Malerei, Bildhauerei und
Goldschmiedekunst kam im 17. Jahrhundert auch die Erzbildhauerei zu
hoher Blüte. Die bedeutendsten Vertreter dieses Kunsthandwerks, die
Niederländer Hubert Gerhard und Adrian de Vries und der Weilheimer
Hans Krumper, schufen Monumente wie die Mariensäule, das Kaiser-
Ludwig-Grabmal im Dom und die Brunnen und Statuen in der Residenz.
Der bedeutendste Bau dieser Epoche, die Maximilianische Residenz
(1618 fertiggestellt), übertraf an Größe sogar die Kaiserliche Hofburg
in Wien. Ohne sie wäre München Provinz geblieben, so aber wurde die
Stadt ein Mittelpunkt der abendländischen Kunst. Die Wittelsbacher
bauten weiter. Italiener, Niederländer und Franzosen schufen zusammen
mit einheimischen Künstlern der Renaissance, des Barock und des
Rokoko die Prunkräume, die Höfe mit ihren prachtvollen Brunnen. Im
Zweiten Weltkrieg wurde auch die Residenz schwer getroffen,
inzwischen ist sie jedoch in altem Glanz wiedererstanden.
Wie überall in Deutschland, so auch in Bayern und München, bringt
der Dreißigjährige Krieg das künstlerische Leben fast ganz zum
Erliegen. Erst Jahrzehnte nach seinem Ende beginnt sich das Land
allmählich von Zerstörung und Entvölkerung zu erholen.
Eine neue große Epoche des Bauens beginnt, als die Graubündner
nach München kommen, unter ihnen Zuccali, der St. Kajetan vollendet,
Schloß Lustheim erbaut und mit Schleißheim beginnt, ferner Viscardi,

Sciasca und viele ihrer Landsleute, die als Künstler und Kunsthandwerker tätig waren. Man darf wohl sagen, das sie den Grund gelegt haben, aus dem im 18. Jahrhundert das wunderbare Aufblühen des bayerischen Rokoko möglich wurde. Mit Namen wie die Gebrüder Asam vom Tegernsee, die beiden Gunetzrhainer aus München, Joseph Effner aus Dachau, verbinden sich herrliche Bauwerke: Johann-Nepomuk-Kirche, Preysing-Palais, St. Michael in Berg am Laim.

Aus dem bescheidenen Sommersitz der Kurfürstin Maria Henriette wurde Nymphenburg, einer der größten Schloßbauten des 18. Jahrhunderts. Barelli schuf den ursprünglich fünfgeschossigen Würfel, Zuccali, Viscardi und Effner fügten die Galerien und Pavillons an. Joseph Effner verdanken wir auch den Ausbau des Mittelbaues zum Steinernen Saal und die Gesamtanlage des Nymphenburger Rondells. Nach Westen erstreckt sich, von Sckell im englischen Stil gestaltet, der riesige Park, heute beliebtes Erholungsgebiet der Münchner. Prunkstücke der Schloßanlage von Nymphenburg sind die drei Schlößchen im Park: die Badenburg, die Pagodenburg und die Amalienburg.

Der große Meister des bayerischen Rokoko ist der Wallone François Cuvilliés, der vollendete Werke der Raumkunst schuf: in der Residenz und im Residenztheater ebenso wie im Steinernen Saal und in der Amalienburg zu Nymphenburg.

Auf diese Blütezeit der Kunst folgen Jahrzehnte politischer Unsicherheit in Europa. In dieser Zeit entsteht in München kein bedeutendes Bauwerk und auch das künstlerische Leben ist stark rückläufig.

Nach dem Ende der Napoleonischen Kriege entsteht ein neues München. Der Bauherr ist König Ludwig I., seine Architekten Karl v. Fischer, Leo v. Klenze und Friedrich v. Gärtner. Innerhalb weniger Jahrzehnte wird der gewaltige Straßenzug der Ludwigstraße errichtet, die Glyptothek, die Alte Pinakothek, die Residenzbauten, die Ludwigskirche, die Propyläen und die Ruhmeshalle. Ludwig I. hatte den Ehrgeiz, die Stadt selbst zum Kunstwerk zu machen. Mit seinem unbeugsamen Willen und einem Riesenaufwand an finanziellen Mitteln (20 Millionen Gulden, das sind nach heutigem Geld etwa 250 Millionen DM) setzte er seinen Plan in die Tat um. Seine Liebe zur Kunst beschränkte sich aber nicht allein auf das Bauen. Er setzte auch die Sammeltätigkeit seiner Vorgänger in großem Maßstab fort. Der Ausbau der Gemäldegalerien zur Alten und Neuen Pinakothek, die Glyptothek, die Münzsammlung und Ägyptische Sammlung, das alles ist sein Werk.

Das letzte Viertel des 19. Jahrhunderts bringt in München die Hochblüte des Historismus. Was die damals in München tätigen Architekten, allen voran Friedrich Thiersch, die Münchner Bürgersöhne Gabriel und Emanuel Seidl, der Wiener Hauberrisser, an Bauwerken schufen, gehört zum Besten dieser Epoche.

Auch das frühe 20. Jahrhundert sieht in München bedeutende Architekten am Werk: Theodor Fischer, Hans Grässel und Karl Hocheder, alle hervorragende Baumeister und Städtebauer zugleich. Auch der Bildhauer Adolf von Hildebrand ist hier zu erwähnen. Das künstlerische Leben Münchens vor 1900 wurde von Franz Lenbach, einem Maurersohn aus Schrobenhausen bestimmt. Auch der Bauernsohn Franz Stuck war ein phänomenales Talent dieser Zeit. Seine frühen Werke beeinflußten stark den Jugendstil, der mit München von den Anfängen her verbunden bleibt.

Daß sich die neuen Kunstströmungen zu Beginn des 20. Jahrhunderts in München so rasch durchsetzen konnten, war vor allem das Verdienst des liberalen Prinzregenten Luitpold. In seine Regierungszeit fiel die Gründung des Blauen Reiters 1911 durch Wassily Kandinsky und den Münchner Franz Marc.

Einige Bauwerke aus der Zeit des Nationalsozialismus – das bekannteste ist das Haus der Kunst – haben den Krieg überstanden. Als Produkte herrscherlicher Monumentalität dokumentieren sie den Ungeist dieser Zeit, mit dem München vielleicht doch besser fertiggeworden ist, als es anderswo der Fall war.

Wie so viele deutsche Städte wurde auch München im Zweiten Weltkrieg schwer beschädigt, manches ist unwiederbringlich verlorengegangen. Mit einem gewissen Stolz können wir Münchner aber feststellen, daß das Stadtbild durch den Wiederaufbau nicht allzusehr verändert wurde. Zwar hat man nicht bei jedem nach 1945 entstandenen Bau auf die alten, gewachsenen städtebaulichen Zusammenhänge Rücksicht genommen, aber man kann doch sagen, daß in den letzten 25 Jahren viele hervorragende Architekten dazu beigetragen haben, das Neue mit dem Alten in sinnvoller Weise zu verbinden.

Was ist aus den Museen und Sammlungen, was ist aus den Baudenkmälern unserer Stadt nach den schrecklichen Jahren des Krieges geworden? Die Antwort ist tröstlich: Viele der beschädigten Kirchen wurden wiederaufgebaut, die Alte Pinakothek ist wiedererstanden, ebenso das Nationalmuseum, die Antikensammlung, die Glyptothek, die Schatzkammer. Auch der gewaltige Komplex der Residenz steht wieder glanzvoll wie in alten Zeiten da.

Das unvergleichliche Mäzenatentum der bayerischen Könige lebt, wenn auch in bescheidener Form, auch heute fort: Banken geben kostbare Bilder als Leihgabe an die Museen, Freundeskreise bringen die Mittel für Ankäufe zusammen und Stiftungen von Privatpersonen an Staat und Stadt bereichern und ergänzen das reiche Erbe der Vergangenheit.

Die Münchner Residenz nördlich des Max-Joseph-Platzes gehört wegen ihrer reichen Ausstattung zu den bedeutendsten Schlössern Europas. Ihr Wiederaufbau nach der fast vollständigen Zerstörung im Zweiten Weltkrieg muß zu den größten Leistungen im Nachkriegs-München gezählt werden.

La Résidence de Munich au nord de la place Max-Joseph fait partie des châteaux les plus remarquables d'Europe en raison de son aménagement somptueux. Sa reconstruction, après la destruction presque totale pendant la seconde guerre mondiale, doit être considérée comme l'une des plus remarquables réalisations du Munich d'après-guerre.

Because of its rich fittings the Munich Residence on the northern side of Max-Joseph-Platz is one of the most important palaces in Europe. Its reconstruction after almost complete destruction in World War II must be recognized as one of Munich's most tremendous

Non loin de l'endroit où s'étend aujourd'hui, sur une superficie de plus de 300 km², la deuxième ville d'Allemagne occidentale, passait, au début du XIIe siècle, la célèbre Salzstrasse (route du sel) au-dessus de l'Isar. Le droit de péage pour les transports de marchandises venant de Salzbourg à destination du Nord était perçu par l'évêque de Freising. Le duc des Guelfes, Henri le Lion, jaloux de la prééminence économique de l'évêque, fit détruire le pont douanier en 1158 par un coup de main pour en faire reconstruire un nouveau un peu plus en amont, près de l'ermitage «Zu den Munichen». Grâce au lucratif commerce de sel qui passa dès lors sur le nouveau pont de l'Isar, l'ermitage s'agrandit rapidement. Dès la même année, l'Empereur Frédéric Barberousse lui concéda le droit de tenir marché et de battre monnaie ainsi que le droit de cité.

Pendant près de 100 ans, Munich demeura une petite ville rurale, aisée mais insignifiante, avant de devenir, en 1255, la résidence des ducs de Haute-Bavière et le centre politique et spirituel du Saint Empire romain germanique sous l'Empereur Louis le Bavarois (1314–1347).

Il ne reste plus grand'chose des premières églises, la majeure partie d'entre elles ayant disparu du temps de la sécularisation au début du XIXe siècle. A l'heure actuelle, le plus ancien ouvrage sacré est l'église paroissiale municipale Saint-Pierre érigée en 1181 et maintes fois reconstruite et transformée au cours des siècles suivants.

C'est avec l'année 1504, lorsque Munich devient ville de résidence et capitale du duché de Bavière, que commence le grand essor artistique de la ville: l'église Notre-Dame, l'une des grandioses églises-halle avec déambulatoire et chapelle érigées en briques, est construite sous Jörg von Halsbach de 1468 à 1488. L'architecte renonce presque entièrement à l'ornement décoratif, l'effet monumental de la maison de Dieu étant obtenu par l'enchaînement de blocs de construction simples et bien articulés. Les deux tours couronnées de «coupoles romanes» faisaient partie, tout comme aujourd'hui, des symboles de la ville. Deux autres églises en briques datent de cette époque: la Kreuzkirche et la Salvatorkirche avec son haut clocher pointu. C'est aussi de la fin du XVe siècle que date la Schlosskirche de Blutenburg dont l'aménagement précieux – les autels du Polonais Jan Pollak, la Madonne et les Apôtres d'un Maître inconnu ainsi que les vitraux extraordinaires – est resté absolument intact. Les belles maisons bourgeoises datant du début du XVIe siècle ont presque toutes été victimes des grandes modifications de la seconde moitié du XIXe siècle. Le Salzstadel en est un pauvre reliquat. Parmi les artistes éminents ayant œuvré à l'époque pour le duc et la bourgeoisie se trouvait le sculpteur sur bois Erasmus Grasser originaire du Haut-Palatinat, dont les ravissants Moriskentänzer (danseurs mauresques) sont toujours admirés au Musée municipal.

Le XVIe siècle entraîne un déclin de la bourgeoisie. La vie intellectuelle et artistique se déplace à la cour des ducs. C'est surtout Albrecht V qui, avec un zèle de collectionneur presque inimaginable, pose les fondements des collections de la Bavière, devenues célèbres entre-temps, et qui contribue aussi vigoureusement à la promotion de la science et des beaux-arts. Parmi les monuments datant de l'époque de son règne, la cour de la «Alte Münze» et l'Antiquarium dans la Résidence, la plus belle galerie style Renaissance hors d'Italie, ont été conservés. A l'heure actuelle, nous ne connaissons plus l'intérieur non moins grandiose de la Résidence que par des reproductions. La construction de l'Antiquarium prouve à quel point, déjà à cette époque, les courants artistiques les plus variés reliaient toute l'Europe à Munich: le premier projet est dû à Jacobo Strada de Mantua, la construction a été réalisée par un Bavarois, Wilhelm Egkl tandis que les peintures ont été faites par des Néerlandais, des Flamands et des Bavarois. La splendeur bavaroise, telle qu'elle se manifestait à Munich du temps d'Albrecht V, était célèbre dans tout l'Empire.

Guillaume V poursuivit l'œuvre de construction et de collection de son père Albrecht en dépit de graves difficultés financières; c'est à lui que nous devons surtout l'église Saint-Michel (1583–1597). La seule grande église de la Renaissance en Allemagne du Sud est encore conçue dans l'esprit de l'Antiquité tel qu'il était perçu par la Renaissance. Plus tard, son aspect et son aménagement sont devenus un exemple pour toute la Bavière ainsi que pour les nouvelles constructions résidentielles de Maximilien Ier, ce qui n'est pas la moindre des références. Outre la peinture, la sculpture et l'orfèvrerie, la sculpture sur bronze connut elle aussi une apogée. Les représentants les plus éminents de cet artisanat d'art, les Néerlandais Hubert Gerhard et Adrian de Vries ainsi que Hans Krumper, de Weilheim, créèrent des monuments tels que la Mariensäule, le mausolée de l'Empereur Louis dans la cathédrale ainsi que les fontaines et statues dans la Résidence. La construction la plus remarquable de cette époque, la Résidence de Maximilien, achevée en 1618, dépassa même en grandeur la Hofburg impériale à Vienne. Sans elle, Munich serait demeurée provinciale tandis qu'elle est ainsi devenue un centre de l'art occidental. Les Wittelsbach continuèrent à construire. Des Italiens, des Néerlandais, des Français et des artistes autochtones de la Renaissance, du Baroque et du Rococo, réalisèrent les salles d'apparat et les cours avec leurs magnifiques fontaines. Pendant la seconde guerre mondiale, la Résidence a été, elle aussi, durement touchée, mais entre-temps elle est cependant ressuscitée dans sa splendeur passée.

En Bavière et à Munich, comme partout en Allemagne, la Guerre de Trente Ans a mis pratiquement fin à la vie artistique et ce n'est que des

décennies après la cessation des hostilités que le pays commence petit à petit à se remettre de la destruction et du dépeuplement. C'est le début d'une nouvelle grande époque de construction, lorsque les Grisons arrivent à Munich, parmi eux Zuccali, qui achève Saint-Kajetan, érige le château Lustheim et entreprend la construction de Schleissheim, en outre Viscardi, Sciasca et nombre de leurs concitoyens, artistes et artisans d'art. On peut bien dire qu'ils ont jeté les fondements qui ont permis, au XVIIIe siècle, l'admirable épanouissement du rococo bavarois. De magnifiques ouvrages sont liés aux noms comme ceux des frères Asam du Tegernsee, des deux Gunetzrhainer de Munich et de Joseph Effner de Dachau: l'église Johann Nepomuk, le Palais Preysing et Saint-Michael à Berg am Laim. La modeste résidence d'été de l'Electrice Marie Henriette devint Nymphenburg, l'un des plus grands châteaux du XVIIIe siècle. Tandis que Barelli réalisa le cube, initialement à cinq étages, Zuccali, Viscardi et Effner y ajoutèrent les galeries et pavillons. C'est aussi à Joseph Effner que nous devons l'aménagement du bâtiment central en salle de pierre et l'ensemble des parcs et jardins du parterre de Nymphenburg.

Vers l'Est s'étend, aménagé par Sckell dans le style anglais, l'immense parc, actuellement zone de repos des Munichois. Les joyaux du parc du château de Nymphenburg sont les trois pavillons à savoir Badenburg, Pagodenburg et Amalienburg. Le grand Maître du rococo bavarois est le Wallon François Cuvilliés qui créa des œuvres parfaites de l'art décoratif, et ce tant dans la Résidence et son théâtre que dans la salle de pierre et dans l'Amalienburg à Nymphenburg.

Cet apogée de l'art est suivi de décennies d'incertitude politique en Europe. Pendant cette période, aucune construction notable n'est réalisée à Munich et la vie artistique est, elle aussi, en forte régression. Un nouveau Munich naît après la fin des guerres napoléoniennes. Le maître d'œuvre en est le roi Louis Ier et ses architectes Karl v. Fischer, Leo v. Klenze et Friedrich v. Gärtner. En l'espace de quelques dizaines d'années, on construit l'imposante Ludwigstrasse, la Glyptothèque, l'Ancienne Pinacothèque, les bâtisses de la Résidence, l'église Saint-Louis, les Propylées et le Temple de la gloire. Louis Ier avait l'ambition de transformer la ville elle-même et d'en faire un chef-d'œuvre. Avec sa volonté inflexible et des dépenses gigantesques (20 millions de florins, ce qui équivaut aujourd'hui à environ 250 millions de DM), il réalisa son plan. Son amour de l'art ne se limita cependant pas uniquement à la construction. Il poursuivit également à grande échelle l'activité de collectionneur de ses prédécesseurs. L'agrandissement des galeries de tableaux en Ancienne et Nouvelle Pinacothèque, la Glyptothèque, la collection de médailles et la collection égyptienne, tout cela est son œuvre.

A Munich également, le dernier quart du XIXe siècle engendre l'apogée de l'historisme. Les ouvrages créés à Munich par les architectes y travaillant à cette époque, en premier lieu Friedrich Thiersch, Gabriel et Emanuel Seidl, fils de bourgeois munichois, et le Viennois Hauberrisser, comptent parmi les meilleurs de cette époque.

De même, le début du XXe siècle voit d'éminents architectes à l'œuvre à Munich: Theodor Fischer, Hans Grässel et Karl Hocheder, tous à la fois remarquables architectes et urbanistes. Avant 1900, la vie artistique de Munich a été marquée par Franz Lenbach, un fils de maçon de Schrobenhausen. Le fils de paysan Franz Stuck fut, lui aussi, un talent phénoménal de cette époque. Ses œuvres précoces influencèrent sensiblement le style moderne qui demeure lié à Munich depuis les débuts. Le fait que les nouveaux courants artistiques au début du XXe siècle aient pu s'imposer aussi rapidement à Munich est surtout dû au mérite du libéral Prince-régent Luitpold. C'est pendant son règne que fut fondé, en 1911, le groupe d'artistes «Le Cavalier bleu», par Wassily Kandinsky et le Munichois Franz Marc.

Quelques ouvrages de l'ère du national-socialisme, le plus connu étant la Maison de l'Art, ont survécu à la guerre. Produits d'une monumentalité despotique, ils attestent l'esprit malfaisant de cette époque dont Munich s'est peut-être tout de même mieux tirée que cela ne fut le cas ailleurs. Comme tant d'autres villes allemandes, Munich a été, elle aussi, très touchée par les bombardements pendant la seconde guerre mondiale et maints ouvrages et monuments sont irrémédiablement perdus. Nous constatons cependant avec une certaine fierté que la physionomie de la ville n'a pas été trop modifiée par la reconstruction. Bien qu'on n'ait pas tenu compte des anciennes corrélations urbanistiques lors de chaque reconstruction réalisée après 1945, on peut dire que beaucoup d'architectes remarquables ont contribué, au cours des 25 dernières années, à établir une liaison judicieuse entre l'ancien et le nouveau.

Qu'en est-il devenu des musées et des collections, qu'en est-il devenu des monuments de notre ville après les années terribles de la guerre? La réponse est rassurante: nombre d'église endommagées ont été reconstruites, l'Ancienne Pinacothèque est ressuscitée de même que le Musée National, la Glyptothèque et la Chambre du trésor. De même, l'imposante Résidence est de nouveau debout, dans toute sa splendeur passée.

Le mécénat incomparable des rois de Bavière survit, bien que sous une forme plus modeste: les banques prêtent des tableaux de valeur aux musées, des cercles d'amis réunissent les fonds nécessaires aux achats tandis que des donations de personnes privées au profit de la ville et de l'Etat enrichissent l'inestimable patrimoine du passé.

◁ Nicht alle Münchner sind von den mächtigen Hochhäusern begeistert, die sich in immer größerer Zahl über dem Grün der Isarauen erheben. Auch das gut hundert Jahre alte Maximilianeum, ursprünglich eine königliche Stiftung für hochbegabte junge Männer des Landes, heute Sitz des Bayerischen Landtags und des Senats, muß sich vor den Betonmassen moderner internationaler Hotels und luxuriöser Apartmenthäuser ducken. Ihren Zauber bewahren konnten dagegen die über eine hektische Ära der Verkehrserschließung geretteten Ruheplätze und Raststätten innerhalb und am Rande der Altstadt.

Tous les Munichois ne sont pas enchantés des enormes buildings s'élévant en nombre croissant au-dessus du panorama familier de la ville. Même le Maximilianeum plus que centenaire, initialement une donation royale pour adolescents bavarois particulièrement doués, aujourd'hui siège de la Diète fédérale bavaroise et du Sénat, doit courber l'échine devant les masses de béton des hôtels internationaux modernes et des immeubles de studios grand standing. Seule la verdure des prairies de l'Isar donne naissance à une idylle conciliante. Par contre, les emplacements de repos et les relais au sein et en bordure de la vieille ville ont gardé leur charme, sauvegardés d'une époque frénétique d'extension du trafic.

Not all Munich citizens are enthusiastic about the mighty high-rise buildings springing up in increasing numbers over the green of the Isar. Even the Maximilianeum, well over a hundred years old, originally a royal foundation for talented Bavarian young men and now the seat of the Bavarian Parliament and the Senate, must pay homage to the concrete masses of modern international hotels and luxurious apartment houses. The places of repose and rest within and on the edges of the old city rescued after a hectic era of traffic development have, however, still their ancient ambience.

Levin von Gumppenberg

Munich — Eight Hundred Years a City

Not far from the site where today West Germany's second largest city spreads over an area of 300 square kilometers, the famed salt route crossed the Isar River at the beginning of the 12th century. The Bishop of Freising collected bridge tolls from the northgoing goods shipments. Henry the Lion, the Guelph Duke, envious of the economic advantage enjoyed by the bishop, destroyed the toll bridge in a rage and built a new one upstream at the hermitage "Zu den Munichen" (the monk's settlement). The settlement grew rapidly as a result of the profitable salt trade now crossing the new Isar Bridge. In the same year the Emperor Friedrich Barbarossa granted the thriving town market, mint and municipal rights.

For almost 100 years Munich remained a prosperous but insignificant country town, until in 1255 it became the Residence of the Dukes of Upper Bavaria and in the reign of Emperor Ludwig the Bavarian (1314–1347) the political and spiritual capital of the Holy Roman Empire.

Not much remains of the churches from Munich's earliest period: most of them were razed during the Secularization Era in the early 19th century. Munich's oldest standing sacred edifice is the municipal parish church of St. Peter, originally erected in 1181 and repeatedly rebuilt and remodelled in succeeding centuries.

The great artistic flowering of the city began in 1504, the year in which Munich became the Residence and capital of the Duchy of Bavaria (reunited after centuries of division into smaller duchies). The Frauenkirche arose from the plans and under the supervision of Jörg von Halsbach in the years 1468–88. In this most majestic of the old Bavarian brick hall churches, the architect dispensed almost entirely with decorative elements, and its monumental impression arises from the interplay of simple but well-proportioned structural groups. The two towers crowned by the oriental-like cupolas belonged then as now to the landmarks of the city. Two further brick churches from this period are the Kreuzkirche and the Salvatorkirche with its sharply tapered spire Also from the 15th century is the Palace Church of Blutenburg on the outskirts of the city whose precious appointments, the altars built by the Pole Jan Pollach, the Madonna and Apostle figures of an unknown master and the unique windows, have remained completely undamaged. The lovely townhouses built around 1500 were almost all sacrificed to the major modernization of the city in the middle of the last century. One relic is the Salzstadel (Salt warehouse). Among the outstanding artists working under commission from the dukes and the citizenry was the Upper Palatinate sculptor, Erasmus Grasser, whose captivating Morris Dancers can still be admired in the Municipal Museum.

The power and influence of the bourgeoisie declined in the 16th

century. The court of the dukes became increasingly the center for intellectual and cultural activity. Duke Albrecht V (1528–1579) is singled out as a particularly passionate collector whose zeal laid the cornerstone for the numerous world-famous Wittelsbach collections in every field. From the buildings erected during his reign, the courtyard of the Old Mint, and the Antiquarium of the Residence, the loveliest Renaissance hall outside Italy, remain. We know the equally magnificent interiors of the Residence only from contemporary illustrations. The building of the Antiquarium demonstrates the extent to which the most varied artistic streams even then joined into a harmonious entity in Munich. The first design originated with Jacopo Strada from Mantua, Wilhelm Egkl, a Bavarian, built it, it was painted and decorated by Dutchmen, Flemings and Bavarians. Bavarian splendor, manifest in Munich during the lifetime of Albrecht V, was well-known throughout the entire Empire.

Wilhelm V (1548–1626) continued the building and collection activities of his father Albrecht despite financial difficulties. We are indebted to him for St. Michael's Church (1583–1597), the only large church interior of the Renaissance in South Germany, executed in the spirit of antiquity as the Renaissance understood it. St. Michael's arrangement of space and its decoration later became a model for all of Bavaria, in particular for the new Residence buildings of Maximilian I. In the 17th century the casting of bronze statues joined painting, sculpture and the art of the goldsmith to reach new heights of beauty and perfection.

The most significant artists in this medium, the Dutchmen Herbert Gerhard and Adrian de Vries as well as the Bavarian Hans Krumpfer from Weilheim, created such lasting monuments as Our Lady's Column, the sarcophagus of Emperor Ludwig in the Cathedral and the fountains and statues in and around the Residence. The most important structure of this epoch, Maximilian's Residence (completed in 1618), surpassed in size even the Imperial Hofburg in Vienna. Without it Munich would have remained provincial, but with such building projects the city became a center of occidental art. The Wittelsbachs continued to build. Italians, Dutchmen and Frenchmen working with Renaissance, baroque and rococo native artists created the splendid rooms and the courtyards with their superb fountains. The Residence also suffered heavy damage in World War II, but has since then been restored to its old glory.

As everywhere else in Germany the Thirty Years War put almost a complete end to all artistic activity in Bavaria and in Munich. It was not until decades after the Peace Treaty of Westphalia in 1648 that the land started to recover from the devastations and the depopulation. A new great era of building began with the arrival of artists from

Graubünden in Munich, including Zuccali, who completed the Theatine Church of St. Cajetan, built the Lustheim Palace and started on Schleissheim Palace, as well as Viscardi, Sciasca and many of their countrymen active in Munich as artists and craftsmen. It is no exaggeration to state that they laid the groundwork for the marvellous flowering of Bavarian rococo in the 18th century. We associate the names of the Asam brothers from Tegernsee, the two Gunetz-rhainers of Munich and Joseph Effner from neighboring Dachau with magnificent edifices: The St. Johann Nepomuk-Kirche, Preysing Palace and the Church of St. Michael in Berg am Laim.

Arising from the modest summer retreat of the Electress Maria Henriette, Nymphenburg became one of the greatest palace constructions of the 18th century. Barelli created the original five-storied central structure; Zuccali, Viscardi and Effner added the galleries and pavilions. Joseph Effner was also responsible for enlarging the central building into the Stone Hall and for the entire planning ot the Nymphenburg Circle.

Stretching to the West is the huge park designed by Sckell in English style, today a popular goal for Munich citizens seeking relaxation. The jewels of the Nymphenburg Palace grounds are the three garden palaces in the park: Badenburg, Pagodenburg, and Cuvilliés masterpiece, the Amalienburg.

The great master of Bavarian rococo is the Walloon, François Cuvilliés, who created perfected interiors: in the Residence, just as in the Stone Hall and in the Amalienburg in Nymphenburg.

After this blossoming of the arts, decades of political unrest followed in Europe and in this period no building projects or art activities of any significance were pursued, artistic life went into decline. After the end of the Napoleonic Wars a new Munich arises. The builder is King Ludwig I, his architects are Leo von Klenze and Friedrich von Gärtner. Within the space of only a few decades the impressive stretch of the Ludwigstraße was completed as well as the Glyptothek, the Alte Pinakothek, the supplementary Residence buildings, Ludwigskirche, the Propyläen and the Hall of Fame. Ludwig I aspired to make the city itself a work of art. With his indomitable will and huge sums of money (20 million Gulden, representing some 250 million DM in present day currency) he converted his plan into reality. His love of art was, however, not limited to building. He continued the collecting activities of his predecessors on a grand scale. The enlargement of the picture galleries of the Alte and Neue Pinakothek, the Glyptothek, the Numismatic Collection and the Egyptian Collection are all his work.

The closing quarter of the 19th century was marked by the revival in Munich of historic architectural styles. The architects then practicing

in Munich, Friedrich Thiersch, Gabriel and Emanuel Seidl, natives of Munich, and the Viennese Hauberrisser, erected buildings which are among the finest of this period.

The early 20th century was also an era of outstanding architects in Munich: Theodor Fischer, Hans Grässel and Karl Hocheder, all builders and excellent city planners. The sculptor Adolf von Hildebrand must also be mentioned from this turn of the century period. Munich's fin de siècle artistic life was largely dictated by the painter Franz Lenbach, a bricklayer's son from Schrobenhausen. Franz Stuck, a farmer's son, was also a phenomenal talent in this era: His early works had a tremendous influence on the Art Nouveau, a style closely associated with Munich from the very inception. It was largely due to the efforts of the liberal Prince Regent Luitpold that new artistic trends were able to break through so rapidly at the beginning of the 20th century. It was during his reign that the "Blue Rider" school of art was founded in 1911 by Wassily Kandinsky and Franz Marc of Munich.

Some buildings from the National Socialist era – the best-known of which is the Haus der Kunst – survived the War. As products of dictatorial monumental aspirations they document the evil spirit of the time, which Munich seemed to take in its stride more successfully than many other cities. Like so many other German cities, Munich was heavily damaged during World War II, and many things were lost forever. But we in Munich can state with a certain amount of pride that the silhouette of the city has not been altered very much by reconstruction. Although not every building erected after 1945 respected the old, slowly acquired municipal traditional groupings, it can be said that in the past 25 years many outstanding architects have contributed to a harmonious synthesis of the new with the old. What has happened to the museums and collections, to the building monuments of our city as the result of the frightful war years? The answer is consoling: Many of the damaged churches have been rebuilt, the Alte Pinakothek has been reconstructed, as have the National Museum, the Antique Collection, the Glyptothek and the Treasury of the Residence. The mighty complex of the Residence has again been completely restored to its former magnificence.

The incomparable patronage of arts and letters by the Bavarian kings has continued into the present, even if in somewhat modest form: Banks donate precious paintings on a loan basis to the museums, groups of interested public-spirited citizens raise funds for museum acquisitions, and donations from private persons to the state and the city enrich and augment the tremendous heritage of the past.

Schloß Nymphen-
burg, einige
Kilometer nord-
westlich der Stadt-
mitte gelegen, ist
mit seinem Park
eines der beliebtesten
Ausflugsziele. Den
Namen hatte sich
Henriette Adelaide
von Savoyen für
einen Sommersitz
ausgedacht, den
ihr Gemahl Kur-
fürst Ferdinand
Maria aus Dank-
barkeit für die
Geburt des Thron-
erben Max
Emanuel zum
Geschenk machte.

A quelques
kilomètres au
nordouest du
centre de la ville,
le château de
Nymphenburg
constitue, avec
son parc, un des
lieux d'excursion
favoris. Le nom
avait été imaginé
par Henriette
Adelaïde de
Savoie pour une
résidence d'été
dont son époux,
le Prince-Electeur
Ferdinand Marie,
lui avait fait cadeau, la
remerciant ainsi
d'avoir mis au
monde l'héritier
du trône Max
Emmanuel.

Nymphenburg
Palace with its
park, located a
few kilometers
northwest of the
City, is a favorite
excursion goal.
Henriette Adelaide
of Savoy selected
the name for a
summer retreat
given to her by
her husband
Elector Ferdinand
Maria as a token
of gratitude at the
birth of Max
Emanuel, heir to
the throne.

Rudolf Mühlfenzl

München, Industriezentrum mit Charme

München ist nicht mehr nur die geistige Metropole des deutschen Südens, die Stadt der Künstler und Wissenschaftler, Literaten und Theaterleute. München ist auch nicht mehr – wie liebgewordene und gehegte Klischees es uns noch immer glauben machen wollen – die Stadt der Lederhosen und Bierseidel, geprägt durch zünftige Feste wie den Faschingstanz der Marktfrauen am Viktualienmarkt und das Oktoberfest. München ist zu einer Weltstadt und zu einer Wirtschaftsmetropole geworden. 1,4 Millionen Einwohner zählt die Stadt; nach Hamburg und Berlin ist sie die größte Industriestadt Deutschlands. Und sie ist auch eine von den Großstädten der Welt, in denen im Jahr 2000 zwei Drittel aller Menschen leben werden. Von diesem Zeitpunkt trennen uns nicht einmal mehr 30 Jahre! Die gutmeinenden Kritiker behaupten, in diesem relativ jungen Industriezentrum München sei die Synthese aus Tradition und Fortschritt gelungen. Womit sie in Vergleiche eintreten mit Industriezentren der sogenannten „klassischen" Kategorie, wie zum Beispiel Birmingham, Pittsburgh oder Essen. Wenn man vom Bild dieser Städte ausgeht, die alle während der ersten industriellen Revolution entstanden sind und durch Schwer- und Grundstoffindustrien ihre charakteristische Ausprägung erfahren haben, ist es sicherlich richtig zu behaupten, daß die negativen Erscheinungsformen solcher Industriezentren für München kaum zutreffen – München ist trotz seines ungeheuren industriellen Potentials nicht zur lebensfeindlichen Industrielandschaft geworden.

Aber da muß es doch – sagt sich der Besucher – zwischen dem Hochhausneubau aus Glas und Beton und dem Häuschen in hinreißendem Biedermeierstil einen Zusammenhang geben; irgendeine Beziehung muß es doch geben, zwischen den „jungen Damen mit den unbedenklichen Sitten" (das habe ich nicht gesagt, sondern Thomas Mann) zu dem Heer der Angestellten, die am Morgen in die Fabriken und Büros gehen, eine Brücke von Schwabing, wo man das Geld ausgibt, nach Sendling, wo es verdient wird.

Wie geben sich diese Leute an ihrem Arbeitsplatz, die im Hofbräuhaus lieber nein als ja und am allerliebsten gar nichts sagen, die in den Boulevardcafés nördlich des Siegestores kontaktfreudig Gespräche führen und sich am Wochenende an den Seen und in den Bergen von den Strapazen der Woche erholen? Wie sehen diese Leute aus, wenn sie an den Konstruktionstischen großer Baufirmen und hinter den Schreibtischen bedeutender Verlage sitzen oder an den Rechenmaschinen eines Elektro-Weltkonzerns stehen. Und unser Beobachter könnte eine erste, vorläufige Feststellung treffen, die heißt: Den Münchnern sieht man es im Grunde gar nicht an, daß sie Menschen einer Industriestadt sind.

Dabei gibt es über München Erstaunliches zu berichten: Zum Beispiel,

daß der Gesamtumsatz der Münchner Wirtschaft die 46-Milliarden-Grenze überschritten hat, daß 200 000 Menschen in Industrien beschäftigt sind, die München einen führenden Platz bei Feinmechanik und Optik, bei Maschinen- und Apparatebau, bei der Luft- und Raumfahrt, bei Textil- und Bauwirtschaft und natürlich bei der Elektroindustrie verschafft haben; daß die bayerische Landeshauptstadt die arbeitsintensivste Großstadt in der Bundesrepublik ist und von ihren knapp 1,4 Millionen Einwohnern rund 650 000 voll erwerbstätig sind.

Sie haben entweder etwas Besonderes an sich, die Münchner, oder sie geben sich anders als andere. Da können Sie einen flotten jungen Motorradfan kennenlernen, der hauptberuflich den Verkauf des vielleicht dynamischsten deutschen Automobilwerks BMW managt – als Mitglied des Vorstandes. Einem Werk mit immerhin 2 Milliarden Umsatz, rund 23 000 Mitarbeitern und einer Jahresproduktion von 165 000 Autos und 19 000 Motorrädern. Oder Sie begegnen bei einem Arbeitsessen in der Innenstadt in der „Kanne" oder in der „Ewigen Lampe" einem sympathisch-zurückhaltenden Herrn, der nebenbei erwähnt, er sei „bei" Siemens. Nun sind in dieser Stadt 50 000 „bei" Siemens, aber unser sympathischer Herr heißt, wie unser Besucher einige Tage später zufällig erfährt, „von Siemens" und steht einem Hause vor, nicht einem Industrie-Imperium. Einem „Hause" mit insgesamt 350 000 Mitarbeitern und einem Jahresumsatz von 15 Milliarden D-Mark.

Oder Sie entdecken in einem oberbayerischen Lokal am Rande der Großstadt am Abend einen vital wirkenden Mittvierziger, der Gstanzln zur Gitarre singt. Er ist im Hauptberuf Staatssekretär und Intendant des Bayerischen Rundfunks.

Bei der sogenannten „Maurerbrotzeit" vormittags um 11.00 Uhr im „Franziskaner" könnte es sein, daß Ihnen an blankgescheuerten Holztischen Leute gegenübersitzen, die über die nachlassende Qualität der Weißwürste und die unglaublichen Preise der Brezeln diskutieren: Eine weltberühmte Sopranistin, die in diesen Tagen Gast der Staatsoper ist, ein echter Maurer und der Vorstandssprecher eines Bankinstituts, der eben um die Ecke kam, um einmal Pause zu machen. 62 Bankinstitute haben ihren Hauptsitz in München, 35 weitere Bankinstitute, darunter vier Großbanken und die Deutsche Bundesbank, sind mit großen Filialen in München vertreten. Allein 42 000 Menschen arbeiten im Banken- und Versicherungswesen. München als Finanzplatz hat längst den Rang der Bankzentralen Frankfurt und Düsseldorf erreicht, als Versicherungsplatz hat es internationale Bedeutung, außerdem zählt es zu den wichtigsten Versicherungszentren Europas. Die Bilanzsumme aller in München ansässigen Banken beträgt etwa 50–70 Milliarden DM! Diese Zahl ist sicher nicht Gegenstand der Unterhaltung der Weißwurstgenießer, sie ist zu groß und damit zu ungenau. Sehr genau weiß man

dagegen, was an Speisen und Getränken auf dem Oktoberfest im Jahr 1970 konsumiert wurde. In nur 16 Tagen wurden getrunken: 40 000 Hektoliter Bier und 330 000 Tassen Kaffee. Gegessen haben die rund 4 Millionen Besucher 1,3 Millionen Schweinswürstl, 490 000 Brathendel, 2000 Zentner Fisch, 29 000 Schweinshax'n und 35 Ochsen.

Genau wie am Biertisch im „Franziskaner" gibt es nirgends in München genau abgesteckte Grenzlinien, die konsequent beachtet würden. Abgeordnete konträrer Parteien, die sich am Morgen im schönst-gelegenen Parlament Europas jenseits der Isar, im Maximilianeum, laut-stark bekämpften, sind eine halbe Stunde später im Foyer schon wieder versöhnt und verkehren per Du. Der Vorsitzende eines Gewerkschafts-verbandes, der den Unternehmern in einer Rede ihre superreaktionäre Einstellung öffentlich vorrechnet, geht zwei Stunden später mit einem jener Unternehmer ins Schwimmbad, und sie unterhalten sich über die Vorzüge modernen Fitnesstrainings.

Damit es keine Mißverständnisse gibt: Die Probleme eines Chemie-arbeiters mit einem Durchschnittswochenverdienst von DM 274,20 und eines Versicherungsbosses mit einem Jahresgehalt von mehr als 200 000 Mark sind in München die gleichen wie anderswo. Mit einem kleinen Unterschied vielleicht: Die Leute mit den schmalen Lippen sind in dieser Stadt seltener als in anderen Zentren der Wirtschaft. Wobei man zugeben muß, daß es ein wenig auch an den Produkten liegt, die man in dieser Stadt erdenkt und erzeugt. Da entstehen Werkzeug-maschinen, und gleichzeitig wird in irgendeinem der vielen Studios ein Chanson in schwarze Rillen gepreßt. Neben dem Radargerät oder einem Fotoapparat für Luftaufnahmen aus dem Hause „Linhof" produzieren 12 000 Beschäftigte für rund eine Milliarde duftige Gebilde aus Chiffon und Seide. Und der Slogan „München macht Mode" ist nicht nur der hinreißende Werbeeinfall eines Mannes, sondern zugleich der optimistische Titel der „Mode-Woche-München", die sich als inter-nationale Fachmesse zum größten Modemarkt der Welt entwickelt hat. 25 000 Einkäufer aus dem In- und Ausland sehen und prüfen auf der Münchner Modemesse die Kollektionen von 1500 Fabrikanten, die insgesamt einen Umsatz von 3,5 Milliarden Mark repräsentieren. München macht Mode – und natürlich auch Bier!

Von den rund 2000 Brauereien, die es in Bayern gibt, haben die größten und international bedeutsamen ihren Sitz in München. Als Bierstadt genießt die bayerische Metropole weltweiten Ruf. Der Ausstoß der Münchner Brauereien hat die 4-Millionen-Hektoliter-Grenze längst über-schritten. Die Umsatzziffer von rund 407 Millionen im Jahr 1970 ist den Münchnern wahrscheinlich nicht geläufig, was sie aber genau wissen, ist, daß ihr Bier nach dem gleichen strengen Reinheitsgebot gebraut wird, wie es im Jahre 1516 von Herzog Wilhelm IV. erlassen worden war.

Im Industriezentrum München nimmt auch das Handwerk heute noch einen bedeutenden Platz ein. In 12 000 Betrieben mit mehr als 100 000 Beschäftigten werden 125 Handwerksberufe ausgeübt. Damit erreicht das Handwerk rund die Hälfte der Beschäftigtenzahl der Industrie und erzielt fast ein Drittel des Industrieumsatzes der Stadt.

Zu den Faktoren, die den Aufstieg der Hauptstadt Bayerns zur Weltstadt nachhaltig beeinflußt haben, zählt außer seiner vehementen Industriali-sierung seine große Bedeutung als internationaler Handelsplatz. Und wenn man von Handel redet, dann muß man erst einmal wissen, daß München von Venedig nicht weiter entfernt liegt als von Frankfurt/Main und daß die Beziehungen der Münchner Handelsleute nach Oberitalien mindestens so eng sind wie jene zu den Industrien in Mannheim und Ludwigshafen. Im Münchner Export- und Importgeschäft und vor allem im Großhandel werden riesige Umsätze erzielt. Da gibt es die Münchner Großmarkthalle, den größten sogenannten „Trockenhafen" Europas. Es gibt einen örtlichen Großviehmarkt und rund 4000 Großhandelsunter-nehmungen mit einem Jahresumsatz von rund 10 Milliarden. Der Anteil der Handelsumsätze insgesamt – also Großhandel, Einzelhandel und Handelsvermittlung – am Gesamtumsatz der Münchner Wirtschaft ist fast genauso hoch wie der der Industrie, nämlich 40 Prozent. 1970 hat die Industrie Waren im Wert von rund 4 Millionen Mark ins Ausland verkauft. Auf Platz 1 der Ausfuhrliste stehen die Erzeugnisse der Elektro-technik, gefolgt vom Fahrzeug- und Maschinenbau. Von München aus gingen Güter im Wert von 1,1 Milliarden nach Österreich, immerhin auch für 217 Millionen in die benachbarte Tschechoslowakei und für rund 2,8 Milliarden nach Italien.

Mitursache für die stürmische Entwicklung ist die Lage dieser Stadt. München ist ein Verkehrsknotenpunkt, der durch ein ausgedehntes Straßen-, Bahn- und Flugnetz mit den wichtigsten Ballungsgebieten des europäischen Raums verbunden ist. Die Lage war es auch, die diese Stadt innerhalb kurzer Zeit zu einer bedeutenden Messestadt Europas gemacht hat.

Diese Erkenntnis ist nicht neu, und ähnliche Argumente gelten sicher-lich noch für andere große Industrie- und Handelszentren dieser Welt. Eines aber ist für München typisch: Der Mann im grünen Lodenmantel, den Sie beim abendlichen Spaziergang an der Isarpromenade treffen, kann ein Top-Manager eines weltbekannten Industrieunternehmens sein, der Gast einer irr-vornehmen Party im lila Smoking aber ein kleiner Reiseleiter eines der 50 Reisebüros in München, oder die umwerfend elegante junge Frau im Hosenanzug auf der selben Party Besitzerin eines Pressekonzerns. Darum ist in München und in seiner Wirtschaft zwar nicht gerade alles, aber doch einiges anders als anderswo.

Wer weiß schon, daß die Landeshauptstadt Bayerns – nach Hamburg und Berlin – drittgrößte Industriestadt Deutschlands ist? Mit einem Gesamtumsatz der Münchner Wirtschaft von 46 Milliarden DM und 650.000 Erwerbstätigen.

Qui sait au juste que la capitale de l'Etat de Bavière est, après Hambourg et Berlin, la troisième grande ville industrielle d'Allemagne? Que le chiffre d'affaires total de l'économie s'élève à 46 milliards de DM? Et que 650.000 personnes exercent, à Munich, une profession salariée?

Does anyone really know that Bavaria's capital is Germany's third largest industrial city ranking immediately behind Hamburg and Berlin? And that Munich's economy has a volume of DM 46 billion and employs 650,000 people?

Rudolf Mühlfenzl

Munich, un centre industriel qui a du charme

Munich n'est plus seulement la métropole intellectuelle du Sud de l'Allemagne, la ville des artistes et des savants, des gens de lettres et de théâtre. Ce n'est plus, non plus – ainsi que de chers clichés soigneusement entretenus tentent encore de nous le faire croire – la ville des shorts en cuir et des chopes de bière, marquée par des fêtes corporatives telles que la danse des marchandes, sur le «marché aux victuailles», lors du carnaval ou telles que la Fête d'Octobre (Oktoberfest).

Munich est devenue une ville internationale et une métropole économique d'un million quatre cent mille habitants; c'est, après Hambourg et Berlin, la plus grande ville industrielle d'Allemagne. Et c'est aussi l'une des grandes villes du monde dans lesquelles, en l'an 2000, vivront les deux tiers de l'humanité. Les critiques bienveillants prétendent que l'on a réussi, dans ce centre industriel relativement jeune qu'est Munich, la synthèse de la tradition et du progrès. Ce faisant, ils comparent Munich aux centres industriels de la catégorie dite «classique», comme par exemple Birmingham, Pittsburgh ou Essen. Si l'on prend comme point de départ l'image de ces villes, qui sont toutes nées au cours de la première révolution industrielle et qui toutes doivent leur caractère à l'industrie lourde et à l'industrie primaire, il n'est certainement pas faux d'affirmer que l'on ne trouve pas, à Munich, les aspects négatifs inhérents à de tels centres industriels.

Et pourtant, se dira l'observateur, il doit bien y avoir un lien quelconque entre le building de verre et de béton et la ravissante maisonnette de style Biedermeier, il doit y avoir un rapport entre les «jeunes dames de petite vertu» – ce n'est pas moi qui le dis, c'est Thomas Mann – et la foule des employés qui se rendent le matin à l'usine ou au bureau, il doit exister un «pont» entre Schwabing où l'on dépense son argent et Sendling où on le gagne. Notre observateur pourrait aussi demander comment sont ces gens qui, au Hofbräuhaus, disent plus facilement non que oui et qui préfèrent en fait ne rien dire du tout, qui, dans les cafés de boulevard au Nord du Siegestor (Porte de la Victoire), sont si prompts à engager la conversation mais qui, pendant les week-ends, vont se reposer de cette ville au bord des lacs et dans les montagnes.

Il y a cependant des choses étonnantes à raconter sur Munich: par exemple, que le chiffre d'affaires total de l'industrie munichoise a dépassé le cap des 46 milliards de DM, que 200 000 personnes travaillent dans l'industrie, assurant à Munich une place de choix dans le peloton de tête de l'industrie de la mécanique de précision et dans le secteur de l'optique, dans la construction mécanique et la construction d'appareils, dans l'aéronautique et l'astronautique, dans le textile et le bâtiment et bien sûr dans l'industrie électrique; ou bien que la capitale de la Bavière est la grande ville de République fédérale où

l'on travaille le plus et que la moitié de son million quatre cent mille habitants fait partie de la population active à part entière.

Alors, de deux choses l'une: ou bien les Munichois ont quelque chose de particulier, ou bien ils se font passer pour des gens différents des autres. A Munich, vous pouvez faire la connaissance d'un jeune et élégant adepte de la moto, dont la profession principale consiste à diriger le secteur des ventes de l'usine d'automobiles BMW, sans doute la plus dynamique d'Allemagne – en tant que membre du Comité directeur! Une entreprise qui réalise tout de même un chiffre d'affaires de 2 milliards de DM, qui emploie 23 000 personnes et qui produit tous les ans 165 000 voitures et 19 000 motos. Ou bien vous pouvez rencontrer, au cours d'un repas d'affaires au cœur de la ville, que ce soit au restaurant «Die Kanne» ou à l'«Ewige Lampe», un monsieur sympathique et réservé qui vous confiera, comme si cela n'avait aucune importance, qu'il est «chez» Siemens. Oui, mais il y a 50 000 personnes dans cette ville, qui sont «chez» Siemens et notre sympathique Monsieur s'appelle, ainsi que notre observateur l'apprendra par hasard quelques jours plus tard, «von Siemens» et il préside aux destinées d'une affaire, pas d'un empire industriel. Une «affaire» qui emploie 350 000 personnes et qui réalise un chiffre d'affaires annuel de 15 milliards de DM.

A 11 heures du matin au «Franziskaner», l'heure de ce que l'on appelle le «casse-croûte des maçons», il se pourrait bien que notre observateur soit assis à une de ces tables de bois, luisantes tant elles ont été frottées, et qu'il se trouve en face de gens qui discuteront avec lui des boudins blancs, dont la qualité est en baisse, ou des prix pharamineux des bretzels: ce seront une soprano de renommée mondiale qui chante à l'opéra ces jours-ci, un authentique maçon – il y en a quand même – et le porte-parole du comité directeur d'une banque qui passait justement par là et avait envie de faire une petite pause. Munich est le siège central de 62 banques; 35 autres, dont quatre grandes banques et la Banque fédérale d'Allemagne, sont représentées à Munich par l'intermédiaire de grandes filiales. Les banques et les assurances emploient à elles seules 42 000 personnes. Munich a atteint depuis longtemps, en tant que marché financier, le rang des centres bancaires de Francfort et de Düsseldorf; en tant que centre d'assurances elle a une importance internationale et compte en outre parmi les premiers d'Europe. La somme des bilans de toutes les banques qui ont leur siège à Munich varie approximativement entre 50 et 70 milliards de DM! Ce chiffre ne fait certainement pas l'objet des conversations des dégustateurs de boudin blanc, car il est trop important et partant trop imprécis. Ce que l'on sait par contre avec la plus grande précision, c'est la quantité d'aliments et de boissons qui a été consommée à la

Fête d'Octobre en 1970. 40 000 hectolitres de bière et 330 000 tasses de café ont été bus en l'espace de 15 jours. Les quelque quatre millions de visiteurs ont mangé 1,3 million de saucisses de porc, 490 000 poulets rôtis, cent tonnes de poisson, 29 000 pieds de porc et 35 bœufs entiers.

Les problèmes d'un ouvrier de l'industrie chimique disposant d'un salaire hebdomadaire moyen de 274,20 DM et ceux d'un patron d'une compagnie d'assurances recevant un traitement annuel de plus de 200 000 Mark sont les mêmes à Munich qu'ailleurs. Avec toutefois une petite différence: les arrivistes sont plus rares dans cette ville que dans les autres grands centres économiques et industriels. Il faut bien reconnaître que cela vient un peu des produits que l'on conçoit et que l'on fabrique dans cette ville. Tandis qu'on assemble, dans un coin de la ville, une machine-outil, une chanson est enregistrée sur microsillon dans l'un des nombreux studios de la capitale. Il y a aussi les radars, les appareils photo pour prises de vues aériennes de la maison «Linhof» et puis il y a 12 000 personnes qui produisent pour environ un milliard de DM de «créations vaporeuses» en chiffon et en soie. Et le slogan «Munich fait la mode» n'est pas seulement une idée de publicitaire: c'est en même temps le titre optimiste que s'est donnée la «Semaine de la mode de Munich», devenue en tant que foire internationale spécialisée le plus grand marché mondial de la mode. Vingt cinq mille acheteurs d'Allemagne et de l'Etranger y viennent contempler et comparer les collections de 1500 fabricants, qui représentent au total un chiffre d'affaires de 3,5 milliards de DM. Munich fait la mode – mais la bière aussi, bien sûr!

Il y a 2000 brasseries en Bavière et les plus grandes, les plus importantes d'entre elles sur le plan international, ont leur siège à Munich. La métropole bavaroise se réjouit d'une renommée mondiale de «Ville de la bière». Il y a bien longtemps que le débit annuel des brasseries munichoises a dépassé le cap des quatre millions d'hecto-litres. Et s'il est probable que les Munichois ignorent pour la plupart que le chiffre d'affaires de cette branche s'est élevé à 407 millions de DM en 1970, il est une chose qu'ils savent tous très bien: leur bière est toujours brassée selon les sévères critères de pureté imposés par le Duc Guillaume IV en 1516.

L'artisanat aussi occupe une place importante à Munich. Douze mille petites entreprises emploient plus de 100 000 personnes qui exercent 125 métiers manuels différents. L'artisanat occupe ainsi la moitié de l'effectif employé par l'industrie et réalise presqu'un tiers du chiffre d'affaires industriel de la ville.

Quant aux facteurs qui ont influé sur l'accession de la capitale de la Bavière au rang de métropole, il ne faut pas manquer de mentionner, outre son industrialisation ultra-rapide, sa grande importance dans le commerce international. Et puisque nous parlons commerce, n'oublions pas que Munich n'est pas plus loin de Venise que de Francfort sur le Main et que les relations qu'entretiennent les commerçants munichois avec l'Italie du Nord sont au moins aussi étroites que celles qu'ils ont avec les industries de Mannheim et de Ludwigshafen. L'exportation et l'importation munichoises réalisent d'énormes chiffres d'affaires, surtout dans le commerce de gros. Il y a les «Halles de Munich» (Münchner Großmarkthalle), le plus grand de ce que l'on appelle les «ports secs» d'Europe. Il y a un marché local du gros bétail et environ 4000 entre-prises de gros réalisant ensemble un chiffre d'affaires annuel de 10 milliards de DM. La part totale des chiffres d'affaires réalisés par le commerce – à savoir le gros, le détail et les intermédiaires – dans l'ensemble du chiffre d'affaires réalisé par l'économie munichoise est presqu'aussi élevée que celle de l'industrie à savoir 40%. En 1970, l'industrie a exporté pour quatre millions de DM de marchandises. En tête de liste des exportations, on trouve les produits de l'industrie électrotechnique, suivis de la construction automobile et de la construction mécanique.

La situation géographique de la ville de Munich a également été pour beaucoup dans cette évolution rapide. Munich est une véritable plaque tournante des moyens de transport, reliée aux plus importants centres industriels européens par un réseau routier, ferroviaire et aérien extrêmement étendu. C'est également sa situation géographique qui a permis à Munich de devenir en Europe, en très peu de temps, une importante ville de foires et d'expositions.

Tout cela, direz-vous, est également valable pour d'autres grands centres industriels et commerciaux du monde. Mais le fait que le promeneur que vous rencontrerez le soir sur les bords de l'Isar, vêtu d'un simple loden vert, puisse être le grand patron d'une entreprise industrielle connue dans le monde entier, le fait qu'un des invités à une surprise-partie «très sélecte», en smoking lilas, soit le directeur d'une des cinquante agences de voyage munichoises, le fait enfin que la jeune femme vêtue d'un ensemble d'une élégance à couper le souffle et invitée à la même surprise-partie soit propriétaire d'un groupe de presse, tout cela contribue à faire de Munich et de son économie quelque chose qui, malgré tout, n'est pas tout à fait comme ailleurs.

Abseits der großen Schwabinger Halbwelt blüht das Geschäft mit der Jugend und ihren Träumen mehr im Verborgenen. Auch idealistische Einzelgänger einer heilvollen weitentfernten Zukunft sind hier seßhaft geworden, friedfertig meist, jedoch von einer tiefen Abscheu gegen den lauten „Rummelplatz" Schwabing. und gegen die Wohlstandsgesellschaft.

Les affaires avec les jeunes et leurs rêves secrets prospèrent plutôt à l'ombre, à l'écart du grand demi-monde de Schwabing. Même les idéalistes solitáires d'un avenir salutaire lointain se sont établis ici.

Away from the big demi-monde Schwabing the traffic with youth and its secret dreams flourishes more obscurely. Idealistic solitary types seeking a better, far remote future, have settled here, peacefully for the most part, with however an intense distaste for the loud "carnival" of Schwabing.

Rudolf Mühlfenzl

Munich — a Center of Industry with Charm

Munich is no longer just the spiritual metropolis of the South, the city of artists and scientists, men of letters and theater people. Munich is also no longer – as many popular and tenacious clichés would have us believe – the city of lederhosen and beer, characterized by such down-to-earth festivities like the Fasching dance of the marketwomen at the Viktualienmarkt or the Oktoberfest. Munich has become a world city and an economic capital. The city has 1.4 million inhabitants and ranks after Hamburg and Berlin as the largest industrial city in Germany. And it is one of the major cities of the world in all of which two thirds of mankind will live in 2000. Less than 30 years separate us from that date. Well-meaning critics assert that the synthesis of tradition and progress has been successful in Munich, in this relatively young industrial center. And here it must contend with industrial centers in the so-called "classical" category, such as Birmingham, Pittsburgh or Essen. If these cities are judged by their externals, arising as they did during the first Industrial Revolution and receiving their essential impetus from heavy and basic industry, it is certainly correct to state that the negative aspects of such industrial centers scarcely apply to Munich.

But – the observer says – there must be some connection between the high-rise building of glass and concrete and the charming Biedermeier cottage; there must be a relationship between the "young ladies of irreproachable morals" – not my phrase, but Thomas Mann's – and the army of workers daily marching to the factories and offices; there must be a bridge between Schwabing, where money is spent, and Sendling, where it is earned.

Or our observer might ask: What kind of people are these in the Hofbräuhaus, who would rather say no than yes, and if they had their "druthers" would say nothing at all, what sort are they sitting in the sidewalk cafés north of the Siegestor, eagerly making friends with everyone, but on the weekend seeking recuperation from the stress of this city on the lakes and in the mountains? What do these people look like who sit at the drawingboards of major construction companies and behind desks of giant publishing houses or who service computers in an electric company of world-wide importance? And our observer could then come to a tentative, a temporary conclusion: When you look at the citizens of Munich, you cannot recognize that they are inhabitants of an industrial city.

Even though there is so much that can be reported from Munich in this respect which is positively astounding. For example, that the overall turnover of Munich's economy has transversed the 46 billion DM boundary, that 200,000 people are employed in industry and that Munich has attained a leading place in precision mechanics and optics, in machine and equipment construction, in air- and spacecraft building,

in textiles and in the building industry, and further that the Bavarian capital has the most intensive employment ratio in the Federal Republic of Germany as evidenced by the fact that of its just barely 1.4 million inhabitants, 650,000 are engaged in full-time gainful employment. These people of Munich have something special about them, or they present themselves differently from others. You can meet a daring young motorcycle fan, whose main job is to manage the sales organization of Germany's probably most dynamic automobile concern BMW – he is a member of the Executive Committee. A plant with a sales volume of 2 billion DM, around 23,000 employes and an annual production of 165,000 cars and 19,000 motor cycles. Or at supper one can meet in "Die Kanne" or in the "Ewige Lampe" in the inner city a sympathetic reserved gentleman, who mentions in passing that he is "with" Siemens. Well, in this city there are 50,000 "with" Siemens, but the sympathetic gentleman, as our observer discovered by accident a few days later, is called "von Siemens" and he is head of a house, not an industrial empire. A "house" with a total of 350,000 employees and a yearly output of 15 billion DM. By the way, this "house" is still the second large industrial enterprise in the Federal Republic of Germany, and it is 29th on the list of major world industries.

Or in an Upper Bavarian tavern on the outskirts of the big city you can discover a vital-appearing man in his mid-40's singing witty doggerel self-accompanied on the guitar. His main occupation is Secretary of State in the Bavarian Cabinet and manager of the Bavarian Radio and Television System.

It might just happen that our observer at a so-called "Bricklayer's Snack" at 11 in the morning in the restaurant "Franziskaner" seated at a scoured wooden table faces people who discuss with him the declining quality of the weisswürste and the scandalous price of the pretzels: a world-famous soprano, guest star for a few days at the State Opera across the street, a real bricklayer, and the management spokesman for a bank, who just popped around the corner to enjoy a short pause. 62 banks have their headquarters in Munich, and a further 35 banking houses, including 4 major banks and the German Federal Bank maintain large branches here. 42,000 people work in banks and insurance companies alone. Munich long ago caught up with the leading bank centers of Frankfurt and Düsseldorf; for insurance it enjoys European and world significance. The assets of all banks situated in Munich total between 50 and 70 billion DM. This figure is certainly not the topic of discussion of the weisswurst connoisseurs seated here. It is too big and too inexact. But people do know exactly the quantities of food and drink consumed during the 1970 Oktoberfest. In just 14 days, 40,000 hectoliters of beer (give or take, 1 million gallons or 30,000 or so

barrels) were downed as well as 330,000 cups of coffee. The approximately four million guests ate 1.3 million sausages, 490,000 barbecued chickens, over 200 tons of fish, 29,000 hams and 35 whole oxen.
Just as at the beer table in the "Franziskaner", there are no exact dividing lines anywhere in Munich. Delegates of contending political parties who that morning were engaged in heated debate with each other in the Maximilianeum, Europe's most beautifully located Parliament, perched on a high bluff on the opposite bank of the Isar, are now half an hour later reconciled and converse with each other in the foyer in friendly tones, using the intimate "du". The president of a labor union who has just publicly attacked industry for its superreactionary attitude strolls a couple of hours later with one of those industrialists to an indoor swimming pool where they discuss the advantages of modern fitness training. To make certain that there are no misunderstandings here, the problems of a worker in a chemical factory with average weekly earnings of DM 274.20 and those of an insurance boss with an annual salary of over 200,000 marks are the same in Munich as they are anywhere else. But with perhaps one slight difference: people with very light pocketbooks are rarer in this city than in some other business centers. And it must be admitted that the products which are thought up and fabricated here have something to do with that. Machine tools are produced here and simultaneously in one of the many studios a song is pressed into black grooves. Alongside the radar set or a camera for air photography from "Linhof", 12,000 employees create captured dreams in chiffon and silk. And the slogan "Munich makes fashion" is not just the clever promotional gag of one man, but rather also the optimistic title of the "Munich Fashion Week", which as an international trade fair has developed into the world's greatest fashion market. 25,000 buyers from Germany and the rest of the world see and inspect at the Munich Fashion Fair the collections of 1,500 manufacturers representing total sales of 3.5 billion DM. Munich makes fashion – and naturally beer, too!
Of the 2,000 or so breweries in Bavaria the largest and those of international reputation are located in Munich. The Bavarian metropolis has a world-wide reputation as a beer city. The Munich breweries broke the 4 million hectoliter barrier long ago, meaning that year after year they roll out something like 3 million barrels annually. Most of the beer drinkers of Munich are probably unfamiliar with the sales volume figure of around DM 407 million in 1970, but what they do know exactly is the fact that their beer is still brewed in accordance with the same strict Purity Decree issued in 1516 by Duke Wilhelm IV.
The crafts also occupy an important place in the Munich industry center. In 12,000 firms employing over 100,000 craftsmen, 125

different trades are pursued. The crafts employ around half as many people as big industry and account for almost one third of the industrial volume of the city. This outstanding position of the crafts in Munich is one reason why so many important national craft institutions have made Munich their headquarters. Included in these are the German Craft Institute and the International Arts and Crafts Fair.
One of the factors exercising a permanent influence on Munich's rise to a world city is not only its vehement industrialization but also its great importance as an international trade center. And speaking of trade, you should remember that Munich is no further from Venice than it is from Frankfurt/Main and that the relationships of Munich's traders are just as close with Upper Italy as with the industries in Mannheim and Ludwigshafen. Tremendous volumes are turned over in Munich's import and export business, particularly in the wholesale sector.
Important in this respect is Munich's Grossmarkthalle or wholesale produce market, often called Europe's greatest "dry port". There is a local stock market, and around 4,000 wholesalers account for yearly sales approaching 10 billion marks. The ratio of trade volume – wholesale, retail and brokerage – in Munich's total business turnover is almost exactly as high as that of industry: 40%. In 1970 Munich's industries exported goods valued at just under 4 billion DM to other countries, occupying the head of the export list were electrical goods followed by vehicles and machinery. Munich's exports to neighboring Austria amounted to 1.1 billion DM, to Italy 2.8 billion and to Czechoslovakia, the neighbor behind the Iron Curtain, 217 million.
Another reason for this hectic development is the location of this city. Munich is a crossroads of traffic served by an extensive highway, rail and air network connecting it to all the most important focal points in Europe. Its location also predestined its rapid development into an important European trade fair city. Certainly similar arguments also speak in favor of other large industry and trade centers of the world. But just because the man in the green coarse-weave greatcoat you meet on an evening walk along the banks of the Isar may be a top manager of a world-renowned industry, while the guest in the pink tuxedo at the ultra-ultra party is a travel guide from one of the 50 odd travel bureaus in Munich and the devastatingly elegant young lady in a pant suit at the same soirée owns a press concern, this does not mean that everything in Munich and its economy is different from elsewhere, but many things are.

Die massige Statue der Bavaria ist so etwas wie die Schutzgöttin und Muse Münchens und des Landes. In ihren Abmessungen verkörpert sie – die auch von innen her bestiegen werden und durch deren Augen der Besucher auf Stadt und Festwiese hinabblicken kann – die großen kulturellen Anstrengungen, die dem Lande von seinen Königen aufgebürdet wurden.

La Bavaria, une statue gigantesque qu'on peut ascendre du dedans est comme la déesse protectrice et la muse de Munich et du pays entier. Dans ses dimensions même elle représente les grands efforts culturels imposée au pays par ses rois.

The Bavaria, a massive statue whose ascension is possible from its inside, is like the protecting goddess and the muse of all Munich and the country. Even by her dimensions she represents the great cultural efforts which the kings of Bavaria imposed upon their land.

Eugen Roth
Stadt der Künste und Wissenschaften

Wenn wir einen mächtigen alten Baum rühmen, eine besonders schöne Blüte loben, so ist wohl zuerst zu erforschen, unter welchen Bedingungen sie gerade hier gewachsen sind und sich erhalten haben: Wie konnte München eine, ja vielleicht die Stadt der Künste werden und bleiben, wie vermochte sie, in einer einzigartigen Verbindung mit der Kunst, eine Pflanzstätte der Wissenschaften zu sein!

Von der Kunststadt München, ihren Bauten gar, ist genug geredet worden – nehmen wir also die verschwiegenere Wissenschaft voraus und lassen wir einen Kronzeugen, Werner Heisenberg, sprechen: was er über die Wissenschaft sagt, gilt für das künstlerische Leben erst recht.

„Wenn andere Universitäten etwa als Stätten des soliden Fachwissens oder als Ausgangspunkt neuer Entwicklungslinien in der Forschung berühmt werden, so zeichnete sich die Wissenschaft in München vor allem durch eine menschliche Unmittelbarkeit und Lebendigkeit aus, die auf dem Nährboden einer sehr konservativen, im Katholizismus der heimischen Bevölkerung wurzelnden Geistigkeit erstaunlich gut gedeihen konnte. Die Sinnenfreude der bayerischen Barockkirchen hatte sozusagen ihr weltliches Gegenstück in der Freudigkeit, man kann fast sagen Heiterkeit der wissenschaftlichen Arbeit an den Hochschulen, und beide hingen in irgendeiner Weise zusammen mit dem Licht, das an Sonnentagen die Wiesen und Bergketten des südlichen Bayern überflutet. Wissenschaft und Kunst haben in München immer ein Element von Romantik bewahrt. Auch die abstrakteste Malerei hat noch Licht und Farbe von den Wiesen und Seen des durchsonnten Voralpenlandes empfangen."

Andere Lobsprecher Münchens gehen noch weiter; sie beziehen, wie etwa Hausenstein, den Hauch von Süden, ja, geradezu den italienischen Himmel, mit ein (und wirklich, an einem Märztag kann man sich in eine freiere, leichtere Welt verzaubert fühlen). Die vielgerühmte Liberalitas bavarica gibt es wahrhaftig, von der Freiheit des Bäuerlichen, das nie von Leibeigenschaft bedrückt war, bis zur Grenze von Schwabing (das ein Wunder für sich ist und dessen Geheimnis nachzuahmen keiner anderen Stadt jemals geglückt ist).

Ja, selbst das Bier wird in Erwägung gezogen, wenn von Künsten und Wissenschaften die Rede ist: Sogar der Berliner Paul Heyse bekennt, ohne den berühmten Bock hätte ihn vielleicht München nicht gehalten. Die Wissenschaft ist stiller als die Kunst. Sie ist daher auch verborgener, von manchem bedeutenden Ereignis weiß kaum der engste Fachkreis. Daß München die Stadt von Gabelsberger ist, dem Erfinder der Stenographie, von Schmeller, dem Verfasser eines bayerischen Wörterbuches, wie es sonst auf der ganzen Welt keines gibt, wird höchstens alle Jubeljahre erwähnt. Senefelder, der vor mehr als andert-

halbhundert Jahren das erfolgreichste Vervielfältigungsmittel der Welt, den Steindruck, der Kunst geschenkt hat, ist in seiner Bedeutung verkannt. Von Goya und Daumier bis zu Barlach und Klee wäre sein Ruhm zu künden, den er in und für München erworben hat.

Seien wir ehrlich: von Occam, der schon um 1330 als Vorkämpfer Ludwigs des Bayern gegen den Papst in München weilte, aber auch von den Botanikern F. P. von Schrank und von Martius wissen die meisten Münchner nur noch durch die Straßennamen, ebenso wie von den beiden Baader, von Schelling oder Görres, die doch in der ersten Hälfte des 19. Jahrhunderts für München so wichtig waren. Daß Max Pettenkofer, der große Hygieniker und Justus von Liebig einer der bedeutendsten Chemiker waren, ist eher geläufig. Die Forschungsreisenden Filchner und Drygalski haben die älteren Münchner noch gekannt.

Der Pioniergeist berühmter Ärzte, von Nußbaum bis Sauerbruch, hat weit über München hinaus gewirkt. Die Akademie der Wissenschaften wurde bereits 1759 gegründet, doppelt so alt ist die Staatsbibliothek, deren Grundstock auf Albrecht V. zurückgeht. Heute sind das Max-Planck-Institut, das „Atom-Ei" in Garching und viele Institute Zeugen des wissenschaftlichen Lebens. Von dem runden Dutzend Nobelpreisträger (zwei davon, Paul Heyse und Thomas Mann, für die Literatur) sind noch einige tätig. Butenandt, Lynen und vor allem Heisenberg zählen zu den größten Wissenschaftlern des Erdkreises. Zahlreiche wissenschaftliche Kongresse tagen in München.

Selbst große wirtschaftliche Unternehmungen sind für Kunst und Wissenschaft von Belang, Carl Linde etwa, oder Krauss-Maffei und Siemens, die übrigens in eigenen Veranstaltungen das Mäzenatentum früherer Zeiten weiterpflegen.

Mehr noch vielleicht als bei Künstlern ist für Gelehrte, die fast durchwegs an andere Hochschulen und Institute berufen werden, München nur ein Zwischenaufenthalt, sei es am Anfang, in der Mitte oder am Ende ihrer Laufbahn. Weder die Sänger und Schauspieler, noch die Professoren können wir aufzählen, die nur zeitweilig in München gewirkt haben, viele allerdings so kräftig, daß wir sie getrost auch für uns mit in Anspruch nehmen dürften. Das gilt besonders für die Kunstwissenschaftler Heinrich Wölfflin und Wilhelm Pinder, die just in München, Kunst und Wissenschaft vermählend, ihre beste Zeit hatten. Wer die Geschichte der Kunststadt schreiben will, darf auch den Glaspalast nicht vergessen, obwohl dieses Gebäude, durch das Haus der Kunst keineswegs ersetzt, 1931 in Flammen aufgegangen ist, mit hundertzehn Bildern der weltbedeutenden deutschen Romantik, aber auch dreitausend Werken lebender Künstler, nicht nur Münchens, sondern des ganzen Abendlandes.

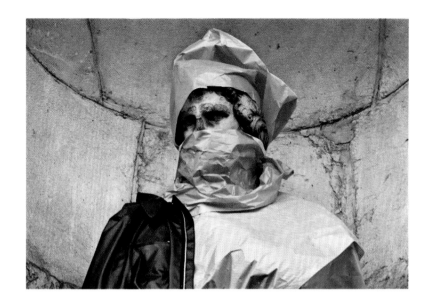

Die Wichtigkeit des Glaspalastes für die Kunststadt München kann gar nicht hoch genug eingeschätzt werden. Allein jene große Begegnung Wilhelm Leibls mit Gustave Courbet 1869 ist der Erinnerung wert, sie hat eine Tür geöffnet, die, wenn sie verschlossen geblieben wäre, den Rang nicht von Paris, wohl aber von München für Menschenalter gemindert hätte.

Die bis zu dreißig Bilder, die Lenbach auf einmal ausgestellt hat, können wir getrost vergessen, aber schon „Die Sünde" von Stuck war ein internationales Ereignis, auch wenn wir uns das heute schwer vorstellen können. Die Spitzenleistungen aller abendländischen Kunst, von Barlach bis Utrillo alphabetisch zu ordnen, waren im Glaspalast zu sehen, sie waren das Gespräch der Welt; einzelne Namen herauszugreifen ist unmöglich. In den „Internationalen" begegnete man Corinth, Feininger, Heckel, Lehmbruck, Liebermann, Schmidt-Rottluff, Slevogt, auch Böcklin oder Marées, Manet, Corot, später Picasso, Rodin, um nur einige zu nennen – es wäre undankbar, diese Namen zu verschweigen, die für alle Zeiten das Kunstleben Münchens mitgeprägt haben.

Doch ist auch der in seinen Zielen bescheidenere Kunstverein zu beachten, der sich freilich heute in einer Krise befindet, der aber seit 1824 zwar weniger die auswärtigen Künstler nach München zog, als vielmehr den einheimischen die Welt erschloß. Spitzweg oder gar Buerkel haben von hier aus viele, viele Bilder verkauft, bis nach Amerika. Heute haben die großen Galerien diese Aufgabe übernommen. Immerhin sei daran erinnert, daß es just der „bürgerliche" Kunstverein war, der, vor dem ersten Weltkrieg, die kühnsten modernen Bilder ausgestellt hat, ein Blitz, dem das Donnerkrachen der Kritik folgte, wohl dem größten Kunstskandal Münchens.

München ist, ohne eigentlich museale Gesinnung, immer schon eine bedeutende Museumsstadt gewesen; die Ausstellungsmöglichkeiten waren freilich in der Galeriestraße bescheiden und bis nach Schleißheim zu wandern, war nicht jedermanns Sache. Kronprinz Ludwig gab der Antike den Vorzug, die Glyptothek war sein erster Bau. Das größte Ereignis aber sollte die Pinakothek werden, 1836 eröffnet und erst später, als ihr die minder bedeutende Schwester zur Seite gestellt wurde, Alte Pinakothek genannt und zum Weltbegriff geworden. Ludwig I. hat diesen Bau, allen Widerständen zum Trotz, durch Klenze aufs freie Feld stellen lassen, aber auch die Verdienste des Malers Georg von Dillis dürfen nicht unterschätzt werden, dem die Auswahl und Ordnung dieses reichen Kunstguts anvertraut worden war. Was wäre nicht alles zu erzählen von dem Reichtum dieses Hauses! Zum alten Wittelsbacher Besitz, vorwiegend aus Düsseldorf, Mannheim und Nürnberg (Dürers Apostel) kam 1827 die Sammlung der Brüder Boisserée. Abertausend Kunstfreunde reisten ausschließlich dieser

Bilder wegen nach München. Im Zweiten Weltkrieg wurde der Bau weitgehend zerstört, die Kunstwerke selbst waren glücklicherweise verlagert. Wieder ist es ein Ruhmesblatt in der Geschichte der Münchner Kunst, daß beherzte Männer noch mitten in aller Not den Wiederaufbau im überlieferten Stil durchsetzten, auch hier im Widerspruch zu Vertretern einer modernen Lösung. Die Neue Pinakothek nebenan, mit den Bildern des 19. Jahrhunderts, Karl Rottmanns vor allem, war nicht nur völlig zerstört, auch als Gebäude war sie so unbedeutend, daß niemand für einen Wiederaufbau eintrat. Die Bilder der Neuen Pinakothek hängen vorerst im Haus der Kunst, Rottmanns griechische Landschaften im Kunstausstellungsgebäude auf dem Königsplatz, inmitten der griechischen Kleinkunst, die besonders durch die Vasensammlung ihre Gültigkeit hat. Die Glyptothek wurde im Mai 1972 wieder eröffnet.

Viel zu wenig gewürdigt ist der Beitrag, den das Bayerische Nationalmuseum zum Ruhme der Kunststadt München liefert. Mag das Germanische Nationalmuseum in Nürnberg auch größer sein, das hiesige ist umfassend genug, um die Geschichte der Stadt und des Landes, seine bedeutenden Kunstepochen zu erzählen und uns davor zu behüten, unsere Eltern zu verleugnen. Beschränkter, aber nicht minder herzhaft, bemüht sich das Stadtmuseum am Jakobsplatz um diese Belehrung. So modern und zukunftsverschworen kann niemand sein, daß er nicht die Grundlagen aufspüren müßte. Nur scheinbare Vergangenheit wird hier lebendigste Gegenwart.

Der erst in jüngster Zeit durch Stiftungen erweiterte Besitz an Werken des Blauen Reiters ist ein einmaliges Juwel der Kunststadt München, ein in der Städtischen Galerie gezeigter Schatz, aber zugleich das leuchtendste Zeugnis der stürmischen Bewegung, die wohl nur München, einschließlich des Voralpenlandes, wo sich die Künstler niedergelassen hatten, möglich war; und, welch glückliche Fügung, just in jenen Jahren vor dem ersten Weltkrieg, als der Schwung der älteren Generation versiegt oder dem Kunsterlebnis der Zeit nicht mehr stark genug war. 1910 malte Wassily Kandinsky das erste vollkommen abstrakte Aquarell und das allein würde genügen, um München als den sprichwörtlichen „Markstein" auszuweisen. Längst ist die Kühnheit von damals zu einer Selbstverständlichkeit geworden, die Modernen von heute sehen schon ganz andere Aufgaben, ob ihre Schritte Fortschritte sind, muß sich erst zeigen.

Wir haben schon angedeutet, daß das „Haus der Kunst" den Glaspalast nicht ersetzen kann. Spottworte wie „Athener Hauptbahnhof" bezeugen, daß dieses allzu wuchtige, viel zu hochräumige Gebäude am Englischen Garten den Münchnern mehr ein Ärgernis war als ein Gewinn. Und doch haben sie sich daran gewöhnt und nehmen seine

Der Spenden-
freudigkei Münch-
ner Bürger ist es
zu verdanken, daß
das 1943 bis auf
die Grundmauern
zerstörte National-
theater wieder
aufgebaut werden
konnte. Der
festliche Eröff-
nungsakt fand am
21. November
1963 statt.
Schon einmal,
1823, war der
Monumentalbau
in Flammen
aufgegangen.

C'est grâce à la
générosité de
certains çitoyens
munichois que le
Théâtre National,
complètement
détruit en 1943, a
pu être reconstruit.
Son inauguration
solennelle eut lieu
le 21 novembre
1963.
Une fois déjà, en
1823, l'immeuble
monumental
avait été la proie
des flammes.

Thanks to the
generosity of
Munich's citizens
it was possible to
rebuild the Natio-
naltheater which
had been
destroyed right
down to its
foundations in
1943. The cere-
monious re-
opening took
place on
November 21,
1963.
Once before, in
1823, the monu-
mental structure had
gone up in flames.

Nachteile in Kauf, weil sie die Notwendigkeit einsehen, eine Stätte der großen Ausstellungen zu besitzen, die nun München einmal braucht, um sich als Stadt der Kunst auszuweisen.

Es sind weniger die Jahresausstellungen der Künstlervereinigungen, die den Besucherstrom anziehen, als die Sonderschauen, die den ganz großen Meistern oder den inzwischen weltgültig gewordenen Gruppen, vorwiegend der jüngsten Vergangenheit, eine Besichtigung geradezu zur Pflicht machen. Man kann getrost sagen, daß, wer etwa den Blick über den „Aufbruch zur modernen Kunst" nicht getan hat, nie wieder ein solches Erlebnis haben wird, trotz der Fülle von Ausstellungen, die heute überall geboten werden.

Wir können von der Kunststadt München nicht sprechen, ohne das Kunstgewerbe miteinzubeziehen, das, in seinem weitesten Sinn genommen, in diesen Mauern einen eigenen hohen Rang hat, der freilich ebenso gerügt wie anerkannt worden ist. Gerügt haben es vor allem Kritiker aus dem Norden, die am altbayerischen Hang zum Dekorativen immer schon Anstoß genommen haben. Wo höchste Kunst und höheres Kunstgewerbe ihre Grenzen haben, ist jeweils schwer festzustellen, in alter Zeit war auch der Künstler Kunstgewerbler, die großen Ausstatter des Barock und Rokoko stehen dafür als Beispiel. 1850, als die „Nebenkunst" zu verflachen drohte, wurde der Münchner Kunstgewerbeverein gegründet. Der Märchen-König Ludwig II. machte durch seine Aufträge für seine Schlösser manchen Handwerker zum reichen Mann. Der Jugendstil suchte in seiner Werkkunst wieder neue Zusammenhänge, jedes Gerät sollte eine ebenbürtige Schöpfung sein. Später und bis heute wurde Münchens Kunstgewerbe weltberühmt, die Vereinigten wie die Deutschen Werkstätten geben davon Zeugnis. Noch modernere Einrichtungsfirmen, gebend und nehmend, stellen die Verbindung mit anderen Städten und Ländern her und wenn wir gar die Mode mit einbeziehen, unsere schönen Läden überhaupt, dürfen wir auf einen Sieg Münchens gegen die Großmacht Kitsch hoffen.

Bei der Technik, nur zum Teil den Wissenschaften zuzuzählen, hat die Zukunft längst begonnen. Sie hat mit der Wissenschaft, aber auch mit der Kunst ein Bündnis geschlossen, dessen Segen wir nicht missen können; wir denken dabei weniger an die Baukunst, deren Entwicklung sie bedrohlich macht, als an die Bühnenkunst: Ohne Technik keine mustergültige Inszenierung!

In München müssen wir aber nicht nur das Theater berücksichtigen, sondern auch jenen einzigartigen Dreiklang, der Kunst, Wissenschaft und Technik im Deutschen Museum vereinigt. Oskar von Miller, Weltmann und Urmünchner zugleich, hat dieses Riesenwerk mit Absicht hierher und nicht etwa ins Ruhrgebiet oder sonst eine Schmiede der Schwerindustrie gestellt – München allein hat ihm ermöglicht, das geistige Band zu knüpfen. Auch das vermeintlich rein Technische zeigt seine Bindung an Kunst und Wissenschaft; in München kann unmöglich der platte Nutzgedanken vorherrschen und – gutes Haus lockt gute Gäste – jeder der zahllosen Besucher, selbst wenn er mit Vorurteilen gekommen sein sollte, ist erstaunt, mit welch einfachen, aber eben schöpferischen Mitteln hier das ganze Weltgebäude dargestellt ist, die Gesetze der Natur klargemacht werden, der Natur, die ja auch die ewige Urmutter von Kunst und Wissenschaft ist. Nehmen wir allein die Musikabteilung oder die Sternkunde, um den Anteil des Deutschen Museums zu ermessen; betrachten wir das Haus als unmittelbaren Auftraggeber für die bildende Kunst, so wissen wir, was es für München bedeutet und was für die Welt, die besonders zur Jahresversammlung, an des unvergeßlichen Oskar von Millers Geburtstag, hier zusammenströmt. An solchen festlichen Tagen darf sich München wirklich als geistiger Mittelpunkt fühlen.

Die Ruhmesgeschichte des Nationaltheaters ist in einer Festschrift festgehalten; wir könnten sie ohnehin nicht schreiben, die Fülle der namhaften Intendanten und Generalmusikdirektoren, der großen Sänger und der einmaligen Musiker wäre zu groß. Übrigens reicht die Bedeutung Münchens als Pflegestätte der Oper bis in die Mitte des 17. Jahrhunderts zurück und wir müßten auch der Baumeister und Künstler dieser Vorläuferzeit gedenken. So weisen wir nur auf das Wichtigste hin, Mozarts Uraufführungen im Residenztheater, dem herrlichen Bau des Cuvilliés, das uns kluge Einsicht und rühmenswerte Kraft vor dem Feuertod gerettet hat, so daß wir nach wie vor das schönste Theater der Welt besitzen. Auch des 1901 eröffneten Prinzregententheaters soll gedacht werden, des Schauplatzes der bedeutenden, vorweg dem Werke Richard Wagners gewidmeten Festspiele, die dem geheiligten Bayreuth öfter als einmal ebenbürtig waren. Genannt sei schließlich auch das Gärtnerplatztheater, das der leichten Muse dienstbar ist und mehr, als ihm zugebilligt wird, zum Leben der Kunststadt beigetragen hat und noch beiträgt.

Als Sprechbühne hat, um das kurz einzufügen, das Schauspielhaus in der Maximilianstraße den Rang des neuen Residenztheaters erreicht, ja, viele Besucher geben ihm den Vorzug. Die aufregenden Glanzzeiten des Hauses an der Augustenstraße sind freilich vorüber, oder glauben das nur die Alten, die sich der herrlichen Wedekind- und Strindberg-Aufführungen erinnern? Ein gutes Dutzend kleinerer Bühnen ist seit dem zweiten Weltkrieg entstanden, bis zum – literarisch gewordenen – Kabarett; das sei erwähnt zum Beweis dafür, daß auch die Nebenzweige der Kunst grünen und blühen.

Der eigentliche Stamm bleibt freilich die Große Oper. Ihre Schicksale

bewegen nicht nur München, sondern die Welt, sie hängen nicht nur mit den deutschen, den abendländischen Bewegungen zusammen, auch Amerika nimmt, mehr nehmend als gebend, an ihnen teil. Ernsthafter Mit- und Gegenspieler dürfte heute nur Wien sein.

Die Generalmusikdirektoren, wichtiger als die Intendanten, haben Weltberühmte in ihren Reihen, Felix Mottl, Bruno Walter, Hans Knappertsbusch, Clemens Krauss, um nur einige Namen zu nennen. Wer von der Kunststadt München spricht, der meint vorwiegend die bildenden Künste; aber nicht minder groß ist die Bedeutung als Musikstadt. Hier können wir vorweg mit mindestens drei Zeitgenossen aufwarten, die Weltgültigkeit haben: Werner Egk, der wohl führende deutsche Opernkomponist, Carl Orff, über seine eigene schöpferische Leistung hinaus der Begründer des Schulwerks und der leider zu früh verstorbene Karl Amadeus Hartmann, der uns die Musica viva brachte. Ein helleres Dreigestirn ist ihnen vorangegangen: Richard Wagner, Richard Strauss und Hans Pfitzner; wir könnten auch den Wahlmünchner Max Reger noch dazuzählen, der allerdings, und wohl zu Unrecht, der Jugend kein rechter Begriff mehr ist. Um so lebendiger ist die Pflege des Werkes Johann Sebastian Bachs durch Karl Richter.

Die Fülle der lehrenden und ausübenden Musiker ist zu groß, als daß wir einzelne herausgreifen könnten; kein Weltberühmter, der nicht das Konzertleben unserer Stadt bereichert hätte, als Dirigent oder Solist; und gerade hier dürfen wir erwarten, daß auch die Zukunft so glanzvoll bleiben wird wie die Vergangenheit und die Gegenwart, wenn auch für die älteren Musikfreunde neue Namen an die Stelle der vertrauten getreten sind; ja, die Anforderungen sind noch ständig im Wachsen.

Nur alte Leute erinnern sich, daß im Nationaltheater auch das große Schauspiel zu sehen war. Jetzt wird dort „nur noch" Musik gemacht und man spricht auch bloß von der Staatsoper. Das großartige Haus, 1818 eröffnet, war von König Max gestiftet, von Karl Fischer erbaut, wohl das erste und größte Unternehmen, das der Allgemeinheit des noch so kleinen München galt. Zweimal ist der herrliche Bau dem Feuer zum Opfer gefallen, schon im Januar 1823 wurde er ein Raub der Flammen. Sofort beschloß man den Wiederaufbau und rühmend muß der Bürgerschaft gedacht werden, die durch den Bierpfennig die Kosten mit aufbrachte. In zwei Jahren mußte Klenze, sehr gegen seinen Willen, das Theater in Fischers Gestalt wiederherstellen, eine Kopie also war es, was bis 1943 stand, als diesmal feindliche Bomben den Bau zerstörten. Und wieder waren es die Bürger, in einem Verein gesammelt, die den Wiederaufbau ermöglichten. Wir weisen darauf besonders hin, um den Vorwurf zu entkräften, in München lebe kein opferbereiter Bürgersinn. Übereifrige Erneuerer wollten auf dem historischen Platz ein modernes Gebäude stellen, aber zum Glück siegten die Verfechter

der Überlieferung. In der Bewahrung des klassischen, vielleicht doch etwas zu pompösen Stils steht der prächtige Bau, den Einheimischen wie den Gästen der Stadt eine hohe, ja wohl die höchste Freude, Glanz in einer immer glanzloser werdenden Zeit.

Wer das künstlerische und wissenschaftliche Leben Münchens begreifen will, der muß München als ein ganzes, rundes Gebilde betrachten, der darf auf keine Einzelheit sich beschränken, auf keinen seiner vielen Lichtpunkte verzichten – und mögen sie noch so abwegig erscheinen. München leuchtete und, so wagen wir selbst heute zu sagen, leuchtet noch immer durch die Summe seiner Vorzüge, die es, eben als Stadt schlechthin, zu dem reizvollen Wesen machen, das seine Freunde beglückt und seine Feinde, trotz vieler berechtigter Einwände, nicht siegen läßt. Die Harmonie ist seit Jahrhunderten dies Geheimnis Münchens, das mit Recht eine Stätte der Begegnung genannt worden ist, aber, wohlgemerkt, einer Begegnung in Freiheit, die jeden Menschen, sei er Gast oder Bewohner, sein eigenes Leben führen läßt.

Selbst heute, wo sich der Betonring bedrohlich um die eigentliche Stadt gelegt hat und wo völlig unmünchnerische Allerweltsbauklötze sogar das vertraute Bild der historischen Altstadt durchwuchern, ist noch – aber „noch" ist ein gefährliches Wort! – genügend Heimat zu finden, freilich muß sie Tag für Tag mühsamer gesucht werden. Immerhin kann jeder Bürger, der den guten Willen hat, einer zu sein, selbst von einer Trabantenstadt, ja vom weitesten Umkreis aus den Kern, das Herz Münchens erreichen, an seinem Kunst- und Wissenschaftsleben teilhaben. In Einzelheiten mag unsere Stadt von anderen Städten übertroffen werden, als Gesamtwesen bleibt es unerreicht. Von allen Vorzügen besitzt es ein hinlängliches Maß, um als die menschlichste Stadt an der Spitze zu stehen.

In der Bewahrung des klassischen, vielleicht doch etwas zu pompösen Stils steht der prächtige Bau des National-theaters, den Einheimischen wie den Gästen der Stadt eine hohe, ja wohl die höchste Freude. Glanz in einer immer glanzloser werdenden Zeit.

Conservant le style classique, peut-être malgré tout par trop pom-peux, le magni-fique bâtiment du Théâtre National est là à la grande joie, sans doute à la joie suprême, des autochtones et des hôtes de la ville, splendeur au milieu d'une époque devenant de plus en plus terne.

Resplending in the traditional neo-classic style, a little too pompous perhaps, the National Theater exists, and we and our visitors from all over the world take great pleasure which well might consist in a joy forever to experience magnificence in an increasingly drab and matter-of-fact world.

Eugen Roth
Ville des arts
et des sciences

Si nous célébrons un vieil arbre gigantesque ou si nous faisons l'éloge d'une fleur particulièrement belle, il faut rechercher tout d'abord les conditions dans lesquelles ils ont poussé précisément à cet endroit et s'y sont maintenus: comment Munich a-t-elle pu devenir une ville des arts, peut-être même la ville des arts par excellence, comment a-t-elle pu être, par le jeu d'un extraordinaire mariage avec l'art, une pépinière des sciences!

On a suffisamment et surabondamment parlé de la ville d'art de Munich et de ses édifices; aussi allons-nous donner la prépondérance à la science, plus discrète, en donnant la parole à un témoin de premier ordre, Werner Heisenberg: ce qu'il dit au sujet de la science est valable a fortiori pour la vie artistique. «Si d'autres universités deviennent célèbres, par exemple en tant que centres de connaissances professionnelles ou comme point de départ de nouvelles lignes de développement dans la recherche, la science à Munich se distingue avant tout par un caractère immédiat et une vivacité sur le plan humain qui ont pu se développer d'excellente façon sur le bouillon de culture d'une spiritualité très conservatrice ayant ses racines dans le catholicisme de la population locale. Le pendant terrestre de la joie des sens qu'évoquent les églises baroques bavaroises consistait, pour ainsi dire, dans la joie voire la sérénité du travail scientifique aux universités et dans les grandes écoles et les deux étaient liées d'une façon ou d'une autre à la lumière qui, les dimanches, inondent les prés et les chaînes de montagnes de la Bavière méridionale. A Munich, la science et l'art ont toujours conservé un élément de romantisme. Même la peinture la plus abstraite bénéficie encore de la lumière et de la couleur des prairies et des lacs des Préalpes ensoleillées.»

D'autres panégyristes de Munich vont encore plus loin en parlant, comme Hausenstein par exemple, d'un «parfum» du Sud et même du ciel italien (et de fait, par une belle journée de mars, on a l'impression d'être transporté comme par enchantement dans un monde plus libre et plus léger). Souvent célébrée, la liberalitas bavarica existe réellement, de la liberté campagnarde jamais accablée de servage jusqu'à la limite de Schwabing (ce fait est à lui seul un miracle, dont aucune autre ville a jamais réussi à imiter le secret). Même la bière est prise en considération, lorsqu'il est question d'arts et de sciences: le Berlinois Paul Heyse avoue que Munich ne l'aurait peut-être pas captivé sans son célèbre bock.

La science est plus calme que l'art. Par conséquent, elle est aussi plus clandestine et maint événement marquant est ignoré du milieu professionnel le plus proche. Le fait que Munich soit la ville de Gabelsberger, l'inventeur de la sténographie, celle de Schmeller, l'auteur d'un dictionnaire bavarois qui n'a pas son pareil dans le monde entier, tout

cela n'est mentionné que très rarement. Senefelder est un autre grand méconnu auquel l'art doit la lithographie depuis plus de 150 ans, un moyen de polycopie ayant connu le plus grand succès dans le monde. Goya et Daumier et jusqu'à Barlach et Klee pourraient témoigner de sa célébrité, qu'il a acquise à et pour Munich.

Soyons francs: la plupart des Munichois ne connaissent Occam, qui s'est trouvé à Munich dès 1330 en tant que champion de Louis de Bavarois en lutte contre le Pape, mais aussi les botanistes F. P. von Schrank et von Martius que grâce aux rues portant leurs noms, de même que les deux Baader, Schelling ou Görres, pourtant fort importants pour Munich pendant la première moitié du XIXe siècle. Les noms de Max Pettenkofer, le grand hygiéniste, et de Justus von Liebig, l'un des chimistes les plus éminents, leur sont plus familiers. Les vieux Munichois ont encore connu les explorateurs Filchner et Drygalski. L'esprit de pionnier d'éminents médecins, de Nussbaum à Sauerbruch, s'est révélé efficace bien au delà de Munich. L'Académie des Sciences fut créée dès 1759, tandis que la fondation de la Bibliothèque Nationale est deux fois plus ancienne puisqu'elle remonte à Albrecht V. A l'heure actuelle, l'Institut Max Planck, «l'œuf atomique» de Garching, et beaucoup d'autres instituts témoignent d'une vie scientifique active.

Sur les quelque douze lauréats du Prix Nobel (deux d'entre eux, Paul Heyse et Thomas Mann, de littérature) quelques-uns travaillent encore activement dont Butenandt, Lynen et surtout Heisenberg, qui compte parmi les plus grands savants du monde. De nombreux congrès scientifiques se réunissent à Munich.

Même de grandes entreprises économiques revêtent de l'importance pour l'art et la science, par exemple Carl Linde ou Krauss-Maffei et Siemens qui, au demeurant, poursuivent le mécénat des temps jadis au moyen de manifestations qui leur sont propres.

Pour les savants, peut-être davantage encore que pour les artistes, nommés généralement à d'autres universités et instituts, Munich n'est qu'une étape provisoire, soit au début, soit au milieu ou à la fin de leur carrière. Il n'est pas possible d'énumérer ni les chanteurs et acteurs, ni les professeurs ayant œuvré temporairement à Munich bien que nombre d'entre eux l'aient fait avec tant d'efficacité que nous pouvons, en toute quiétude, les considérer comme étant des nôtres. Cela est notamment valable pour les scientifiques de l'art Heinrich Wölfflin et Wilhelm Pinder qui, alliant l'art et la science, ont précisément passé leur meilleur temps à Munich.

Quiconque veut écrire l'histoire de la ville d'art, ne doit pas oublier de mentionner le Palais de Verre (Glaspalast) bien que cet édifice, nullement remplacé par la Maison de l'Art, ait été la proie des flammes en 1931 avec 110 tableaux de l'ère romantique allemande d'importance

mondiale, mais aussi avec trois mille œuvres d'artistes contemporains non seulement de Munich mais de l'Occident tout entier.

Il est presque impossible d'estimer à sa juste valeur l'importance du Palais de Verre pour la ville d'art de Munich. La rencontre mémorable de Wilhelm Leibl avec Gustave Courbet en 1869 mérite, à elle seule, d'être rappelée; elle a, en effet, ouvert une porte qui, si elle était resté fermée, aurait ravalé non pas Paris mais certainement Munich, et ce pour des générations, à un rang inférieur.

Nous pouvons oublier en toute tranquillité les quelque trente tableaux exposés en une seule fois par Lenbach mais déjà «Le péché» de Stuck fut un événement international, bien que nous ayons du mal à le concevoir à l'heure actuelle. Les chefs-d'œuvre de tout l'art occidental, de Barlach à Utrillo se trouvaient au Palais de Verre: on en parlait dans le monde entier; il est impossible d'y choisir certains noms au hasard: parmi les «Internationaux», on rencontrait Corinth, Feininger, Heckel, Lehmbruck, Liebermann, Schmidt-Rottluff, Slevogt, Böcklin aussi ou Marées, Manet, Corot, plus tard Picasso, Rodin pour n'en citer que quelques-uns. Il serait impensable de taire ces noms ayant marqué à tout jamais la vie artistique de Munich.

Il faut cependant tenir également compte du Kunstverein, aux objectifs certes plus modestes et qui doit, à l'heure actuelle, faire face à une crise, mais qui, depuis 1824, n'a pas tant attiré les artistes étrangers à Munich qu'il n'a familiarisé les autochtones avec le monde de l'art. C'est d'ici que Spitzweg voire Buerkel ont vendu beaucoup, beaucoup de tableaux, jusqu'en Amérique. Aujourd'hui, ce sont les grandes galeries qui assument cette tâche. Rappelons toutefois que c'était précisément le «bourgeois» Kunstverein qui, avant la première guerre mondiale, avait exposé les tableaux modernes les plus audacieux, un coup de foudre suivi du grondement du tonnerre de la critique, sans doute le plus grand scandale artistique de Munich.

Munich a toujours été, peut-être malgré elle, une remarquable ville de musée; les possibilités d'exposition étaient certes modestes dans la Galeriestrasse et tout un chacun n'avait pas envie de se déplacer jusqu'à Schleissheim. Le Prince royal Ludwig préférait l'antiquité et la Glyptothèque fut sa première construction. L'événement le plus important fut cependant la Pinacothèque, inaugurée en 1836, mais qui n'est devenue que plus tard, après l'adjonction de la Nouvelle Pinacothèque non moins remarquable, l'Ancienne Pinacothèque au renom mondial.

En dépit de toutes les oppositions, Louis Ier a fait construire cet édifice en plein champ par Klenze mais il ne faut cependant pas sous-estimer les mérites du peintre Georg von Dillis auquel avaient été confiés le choix et l'organisation de ce joyau d'art. Que de choses ne pourrait-on pas raconter sur la richesse de cette maison! A l'ancienne propriété des Wittelsbach provenant surtout de Düsseldorf, Mannheim et Nuremberg (l'apôtre de Dürer) vint s'ajouter la collection des frères Boisserée, en 1827. Des milliers et des milliers d'amateurs d'art se rendirent à Munich, uniquement pour voir ces tableaux. L'immeuble fut détruit en grande partie pendant la seconde guerre mondiale, mais les œuvres d'art étaient heureusement à l'abri. Nouveau fait glorieux dans l'histoire de l'art munichois: en pleine détresse, des hommes courageux imposèrent une reconstruction de style traditionnel, ici aussi en contradiction avec les défenseurs d'une solution moderne. A côté, la Nouvelle Pinacothèque avec les tableaux du XIXe siècle, surtout de Karl Rottmann, n'était pas seulement entièrement détruite mais insignifiante, en tant qu'immeuble, au point que personne n'en préconisa la reconstruction. Les tableaux de la Nouvelle Pinacothèque sont provisoirement abrités dans la Maison de l'Art, les paysages grecs de Rottmann dans l'immeuble des expositions d'art sur la Königsplatz, au milieu de l'art mineur grec surtout valable grâce à la collection de vases. La Glyptothèque a été rouverte en mai 1972.

On fait beaucoup trop peu de cas de la contribution du Musée National bavarois au prestige de la ville d'art de Munich. Bien que le Musée National germanique à Nuremberg soit plus grand, celui de Munich est suffisamment vaste pour témoigner de l'histoire de la ville et du pays, de ses grandes époques d'art et pour nous garder de renier nos ancêtres. D'une façon plus limitée mais non moins hardiment, le Musée municipal sur la Jakobsplatz se donne bien du mal pour ce témoignage. Personne ne peut être moderne et progressiste au point de ne pas entrevoir l'origine des choses. Seule un passé apparent revêt ici un caractère d'actualité des plus vivants.

Agrandi récemment à l'aide de donations, le patrimoine d'œuvres du groupe d'artistes «le Cavalier bleu» («Der Blaue Reiter») est un joyau unique de la ville d'art de Munich, un trésor exposé dans la galerie municipale, mais en même temps le témoignage le plus éclatant d'un mouvement tumultueux comme cela n'est probablement possible qu'à Munich, ou dans les Préalpes, où les artistes s'étaient établis; et ceci, heureuse destinée, précisément pendant les années précédant la première guerre mondiale, lorsque l'élan de la vieille génération avait tari ou n'était plus en mesure de comprendre l'art de l'époque.

En 1910, Wassily Kandinsky réalisa la première aquarelle entièrement abstraite et ce seul fait suffirait à prouver que Munich est bien la ville étape proverbiale de l'histoire artistique. Il y a longtemps que l'audace d'antan est devenue une évidence, les modernes d'aujourd'hui envisagent déjà de tout autres tâches et seul l'avenir montrera si leurs entreprises sont bien des progrès.

Das Alte Residenz-
theater von 1753
genießt unter dem
Namen seines
Schöpfers Cuvilliés
Weltruf. Die holz-
geschnitzte Aus-
stattung dieses
Juwels meister-
lichen Rokokos
war im Zweiten
Weltkrieg vor den
Flammen gerettet
worden und
konnte 1956–1958
bei der Rekon-
struktion des
Theaters wieder-
verwendet
werden.

Sous le nom de
son créateur
Cuvilliés, le vieux
théâtre de la
Résidence de
1753 jouit d'une
reommée
mondiale.
L'aménagement
sculpté sur bois
de ce joyau du
rococo magistral
avait été sauvé
des flammes
pendant la
seconde guerre
mondiale et a pu
être réemployé
lors de la re-
construction du
théâtre du 1956
à 1958.

Under the name
of its creator,
Cuvilliés, the Old
Residence
Theater of 1753
enjoys world
fame. The wood-
carved appoint-
ments of this
gem of masterful
rococo were
saved from the
flames in the
Second World
War and were
able to be reused
in 1956–1958 for
the reconstruction
of the theater.

Nous avons déjà indiqué que la Maison de l'Art ne peut pas remplacer le Palais de Verre. Des sobriquets tels que «gare centrale d'Athènes» attestent que, pour les Munichois, cette construction par trop massive, beaucoup trop vaste et aux salles beaucoup trop hautes, près du Jardin anglais, était davantage un sujet de scandale qu'un profit. Et pourtant, ils s'y sont habitués et s'accommodent de ses inconvénients étant donné qu'ils se rendent compte de la nécessité de posséder un emplacement susceptible de recevoir les grandes expositions, indispensables à Munich pour être vraiment une ville d'art.

Le flux des visiteurs est moins provoqué par les expositions annuelles des associations d'artistes que par les expositions spéciales consacrées aux grands Maîtres ou aux groupes ayant acquis entretemps une renommée mondiale, notamment les plus récents, et qui imposent à vrai dire une visite. On peut dire en toute quiétude que celui qui n'a pas vécu, par exemple, ce que l'on a appelé le «Nouveau Départ vers l'art moderne» n'aura plus jamais l'occasion de vivre un tel événement malgré la multitude d'expositions ayant lieu partout à l'heure actuelle. Nous ne pouvons pas parler de Munich sans mentionner les arts décoratifs qui, dans leur sens le plus large, y tiennent une place de choix laquelle est, certes, tout aussi reconnue que blâmée. Blâmée surtout par des critiques du Nord qui, de tout temps, ont été choqués par le goût bavarois en matière d'art décoratif. Il est toujours très difficile de distinguer l'art suprême des arts décoratifs d'autant plus qu'autrefois l'artiste était aussi décorateur, ainsi qu'en témoignent les grands décorateurs des ères baroque et rococo. C'est en 1850, au moment où «l'art secondaire» risquait l'affadissement, que fut fondée l'association des arts décoratifs de Munich. Grâce aux commandes que le roi Louis II passait pour ses châteaux, plus d'un artisan devint un homme riche. Dans l'artisanat, le style moderne cherchait de nouveaux rapports et chaque outil devait être une création de valeur égale. Plus tard, et jusqu'à ce jour, les arts décoratifs de Munich acquièrent une réputation mondiale, les ateliers réunis, tout comme les ateliers allemands, sont là pour en témoigner. Des maisons de décoration et d'ameublement encore plus modernes, donnant donnant, établissent des contacts avec d'autres villes et d'autres pays et si nous y incluons la mode, somme toute nos beaux magasins, nous sommes en droit d'espérer une victoire sur cette grande puissance qu'est le kitsch.

Dans le domaine de la technique, qui n'est qu'un complément partiel des sciences, l'avenir est en marche depuis longtemps. Avec la science mais aussi avec l'art, elle a conclu une alliance dont nous ne pouvons pas nous passer; nous pensons moins à l'architecture, que l'évolution rend menaçante, qu'à l'art de la scène car il n'est plus possible, sans technique, de faire une mise en scène exemplaire!

Ce n'est pas seulement du théâtre dont il faut tenir compte à Munich mais aussi de cet exceptionnel accord tripartite réunissant l'art, la science et la technique au Musée allemand (Deutsches Museum). C'est à dessein que Oskar von Miller, à la fois cosmopolite et authentique Munichois, a situé cette construction gigantesque dans cette ville et non pas dans la Ruhr par exemple ou quelque autre berceau de l'industrie lourde – seule Munich lui a permis de réaliser le lien spirituel. Même ce qui paraît être purement technique, révèle sa liaison avec l'art et la science; à Munich, la prédominance de l'idée d'efficience est impossible et – bonne maison attirant bons hôtes – chacun des innombrables visiteurs, même s'il était venu avec des préjugés, est surpris de constater les moyens simples mais créateurs ayant servi à présenter ici le cosmos tout entier, à expliquer clairement les lois de la nature, de cette nature qui est aussi la première mère éternelle de l'art et de la science. Prenons simplement le département de la musique ou de l'astronomie pour apprécier la part du Musée allemand; si nous considérons la Maison comme donneur d'ordre direct pour les arts plastiques, nous savons ce qu'elle représente et pour Munich et pour le monde qui, notamment pour l'assemblée annuelle se tenant le jour anniversaire de la naissance de l'inoubliable Oskar von Miller, se retrouve ici. Lors de telles journées solennelles, Munich a vraiment le droit de se considérer comme un centre intellectuel. L'histoire glorieuse du Théâtre National est retenue dans une brochure commémorative; de toute façon, nous ne pourrions pas l'écrire, la multitude des administrateurs et directeurs généraux de la musique, des grands chanteurs et des musiciens exceptionnels serait trop grande. Par ailleurs, l'importance de Munich en tant que grand centre d'opéra remonte jusqu'au milieu du XVIIe siècle et il faudrait aussi rappeler le souvenir des architectes et artistes de cette période. Nous nous limitons donc à n'en citer que l'essentiel à savoir les créations et les premières des œuvres de Mozart au théâtre de la Résidence, la magnifique construction de Cuvillié dont la destruction par le feu nous a été épargnée grâce à beaucoup de discernement et à une énergie louable, de sorte que nous avons toujours le plus beau théâtre du monde. Il faut également mentionner le théâtre du Prince-Régent, scène des remarquables festivals consacrés avant tout aux œuvres de Richard Wagner et qui se sont montrés plus d'une fois aussi valables que ceux du sanctuaire de Bayreuth. Citons enfin le théâtre de la Gärtnerplatz destiné à servir la muse légère, qui a contribué et contribue toujours, davantage qu'on le lui concède, à la vie artistique. Ajoutons brièvement qu'en tant que théâtre parlant, le Schauspielhaus de la Maximilianstrasse atteint le niveau du nouveau théâtre de la Résidence et nombre de visiteurs lui accordent même la préférence.

Certes, les apogées émouvants de la maison de la Augustenstrasse sont passés; ou ne serait-ce que l'avis des personnes âgées se rappelant les magnifiques représentations de Wedekind et de Strindberg? Une bonne douzaine de scènes de moindre importance sont nées après la seconde guerre mondiale, jusqu'au cabaret devenu littéraire; ceci soit dit en passant, ne serait-ce que pour prouver que les branches secondaires de l'art prospèrent et fleurissent, elles aussi. Le cadre proprement dit demeure certes le grand Opéra dont les destinées n'émeuvent pas seulement Munich mais aussi le monde et qui ne sont pas seulement en liaison avec les courants allemands et occidentaux mais auxquelles participe aussi l'Amérique qui reçoit davantage qu'elle ne donne. Vienne seule pourrait être à l'heure actuelle coéquipier et rival.

Parmi les directeurs généraux de la musique, plus importants que les administrateurs, on trouve des célébrités mondiales telles que Felix Mottl, Bruno Walter, Hans Knappertsbusch et Clemens Krauss, pour ne citer que quelques noms.

Quiconque parle de la ville d'art de Munich pense généralement aux arts plastiques; mais son importance n'est pas moindre en tant que ville de la musique. Dans ce domaine, nous pouvons citer d'avance au moins trois contemporains de rang mondial: Werner Egk, sans doute le plus éminent compositeur d'opéras allemand, Carl Orff, en dehors de ses propres réalisations créatrices, fondateur du nouvel enseignement musical scolaire et le regretté Karl Amadeus Hartmann, décédé trop tôt, auquel nous devons la Musica Viva.

Ils furent précédés par un trio plus éclatant, à savoir Richard Wagner, Richard Strauss et Hans Pfitzner auxquels on pourrait encore ajouter le Munichois d'adoption Max Reger qui, il est vrai, et sans doute à tort, n'est plus très connu par les jeunes. L'attention et les soins accordés à l'exécution des œuvres de J. S. Bach par Karl Richter sont d'autant plus vivaces.

La multitude des musiciens enseignants et exécutants est trop grande pour nous permettre d'en citer certains; aucune célébrité mondiale qui n'ait enrichi les concerts de notre ville comme chef d'orchestre ou comme soliste. C'est précisément dans ce domaine, que nous pouvons escompter un avenir aussi brillant que le passé et le présent, bien que les amateurs de musique d'un certain âge ne retrouvent plus tous les noms familiers remplacés par de nouveaux, moins connus; de toute façon, les exigences vont toujours croissantes.

Seuls les vieilles gens se souviennent de la représentation de la grande comédie au Théâtre National. Aujourd'hui, on n'y joue plus que de la musique et on ne parle que de l'Opéra d'Etat. Inauguré en 1818, le magnifique édéfice dû à une donation du roi Max, construit par Karl Fischer, fut sans doute la première et la plus grande opération destinée à la communauté de Munich, encore petite ville à l'époque. Par deux fois, le magnifique bâtiment devint la proie des flammes, la première fois en janvier 1823. On en décida immédiatement la reconstruction et il faut rappeler élogieusement le souvenir de la population qui contribua aux frais, moyennant le paiement supplémentaire d'un pfennig par bière: en l'espace de deux ans, Klenze dut, bien malgré lui, reconstruire le théâtre selon les plans de Fischer; il s'agissait donc d'une copie existant jusqu'en 1943 et détruite alors par les bombes ennemies. Et une fois de plus, les citoyens réunis au sein d'une association en permirent la reconstruction. Nous y attirons spécialement l'attention pour infirmer le reproche selon lequel il n'y aurait pas de civisme capable d'abnégation à Munich. Des novateurs empressés voulaient faire ériger un immeuble moderne sur la place historique, mais les défenseurs de la tradition l'emportèrent, heureusement. Conservant le style classique, peut-être malgré tout par trop pompeux, le magnifique bâtiment est là à la grande joie, sans doute à la joie suprême, des autochtones et des hôtes de la ville, splendeur au milieu d'une époque devenant de plus en plus terne.

Pour comprendre la vie artistique et scientifique de Munich, il faut considérer cette ville comme une entité, ne pas se limiter à un détail, ne renoncer à aucun de ses nombreux points lumineux aussi déroutants qu'ils puissent paraître. Munich resplendît et, nous osons le dire même à l'heure actuelle, rayonne toujours grâce à la somme de ses avantages qui en font, tout simplement en tant que ville, la créature charmante ravissant ses amis et ne permettant pas la victoire à ses ennemis en dépit de nombreuses objections justifiées. Depuis des siècles, l'harmonie est le secret de Munich, appelée à juste titre un lieu de rencontre, mais bien entendu d'une rencontre en liberté, permettant à chaque homme, qu'il soit hôte ou habitant, de mener sa propre vie. Même aujourd'hui, où l'anneau de béton contourne, menaçant, la ville proprement dite et où des blocs de construction universels, totalement étrangers à Munich, foisonnent même dans le panorama de la vieille ville historique, on trouve encore – encore étant ici un terme dangereux – suffisamment de patrie qui, il est vrai, devient de jour en jour plus rare. Toujours est-il que chaque citoyen de bonne volonté, même s'il vient d'une cité satellite, peut atteindre le cœur de Munich, participer à sa vie artistique et scientifique qu'il s'agisse des théâtres, des expositions d'art, des musées ou tout simplement de la vie munichoise. Il est possible que notre ville soit surpassée par d'autres villes dans certains détails, mais dans son ensemble, elle demeure sans pareille. De tous les avantages, elle en possède suffisamment pour se trouver au premier rang, comme la ville la plus humaine.

In der Alten Pinakothek: Ludwig I. hatte die Galerie 1836 eröffnet. Die Wiederherstellung des in den Kriegsjahren stark beschädigten Museumsbaues 1957 zählte zu den größten Ereignissen im aufstrebenden Nachkriegs-München.

Dans l'Ancienne Pinacothèque. Louis Ier avait inauguré la galerie en 1836. La reconstruction par Döllgast en 1957 du Musée fut l'objet de vives controverses; elle est cependant considérée comme l'un des événements les plus notoires dans le Munich en plein essor de l'après-guerre.

In the Alte Pinakothek, one of the finest collections of paintings in the world the most important pictures belonging to the Bavarian State are on display. Ludwig I opened the gallery in 1836. The restoration in 1957 by Döllgast of the museum building was controversial, but it is one of the greatest events in postwar Munich.

Eugen Roth

City of Arts
and Sciences

Whenever we admire a majestic old tree or praise a particularly beautiful flower, one of our first concerns is to find out the particular conditions under which they thrived here: How was Munich able to become a, indeed perhaps the City of the Arts, and to remain that, how did it succeed in unique combination with art in being a cradle for the sciences?

There has been enough, probably more than enough, said about the art city Munich and its buildings, so let us start with science, the more modest of the two, and listen to a key witness, Werner Heisenberg. What he says about science is all the more true about art.

"If other universities have become famous as homes of solid professional knowledge or as starting points for new lines of development in research, then science in Munich has been characterized primarily by its intimate humanity and vitality, which have been able to prosper surprisingly well in the nourishing soil of a very conservative spirituality rooted in the Roman Catholic faith of the native population.

The sensuousness of the Bavarian baroque churches has its secular counterpart, so to speak, in the joy, yes, even the cheerfulness, of scientific work in the universities, and both somehow are inspired by the light which floods the meadows and the mountain chains in southern Bavaria on sunny days. Science and art in Munich have always retained an element of romanticism. Even the most abstract painting has soaked up the light and the color of the meadows and lakes of the sun-drenched landscape at the foot of the Alps."

Others praising Munich go even further: they incorporate – as does Hausenstein, for example – the Italian skies (and indeed on a March day, you can imagine yourself entranced into a freer and lighter world). The much famed "liberalitas bavarica" truly prevails, extending from the freedom of the farmers, who were never under the yoke of serfdom, to the borders of Schwabing (which is a miracle all its own, no other city has ever succeeded in imitating its secret).

Yes, even the beer is a decisive factor when we talk of the arts and sciences: Paul Heyse, the transplanted author from Berlin, confessed that Munich would perhaps not have been able to hold him if it hadn't been for its famed bock.

Science is quieter than art. It is so hidden that even the most select professional group is scarcely aware of some important discoveries. The fact that Munich was the home of Gabelsberger, inventor of stenography, and of Schmeller, author of a Bavarian dictionary unequalled in all the world, is only mentioned during a jubilee year. Senefelder, who over one hundred and fifty years ago presented the art world with lithography, by far the most successful reproduction method,

goes largely unrecognized. Works ranging from Goya and Daumier to Barlach and Klee are vivid evidence of what he did in and for Munich. Let's be honest: What do must people in Munich know about Occam, who as early as 1330 resided in Munich as one of the champions of Emperor Ludwig the Bavarian in his contest with the Papacy, or of the botanists F. P. von Schrank and von Martius? At the most the streets named after them. Or what do they know about the two Baaders, or Schelling or Görres, of such importance for Munich in the first half of the 19th century? It is probably better known that Max Pettenkofer was a foremost public health expert and Justus von Liebig, one of the most important chemists. Older citizens still remember the explorers Filchner and Drygalski in person.

The dedicated service of renowned physicians from Nussbaum to Sauerbruch became known well beyond the borders of Munich. The Academy of Sciences was founded in 1759, and the State Library is twice as old – its original collection was donated by Duke Albrecht V. Today the Max Planck Institute, the "Atomic Egg" in Garching and numerous institutes evidence scientific activity. Of around a dozen Munich Nobel prizewinners (two, Paul Heyse and Thomas Mann, for literature), several are still active. Butenandt, Lynen and Heisenberg are among the world's greatest scientists. Many conventions are also held in Munich. Even giant business enterprises stand in the service of art and science: Carl Linde, Krauss-Maffei and Siemens, all of whom continue the patronage of earlier times in their own foundations.

For scholars perhaps even more than for artists, Munich is just a stepping stone in a life-time career, either at the beginnning, at mid-term or at the close. We cannot begin to count the singers and actors or the professors who were only in Munich for a time, but whose influence was so great that we can claim them as our own. This is particularly true for the art historians Heinrich Wölfflin and Wilhelm Pindler, who by combining art and science did their best work in Munich.

Anyone desiring to write a history of the City of Art may not neglect the Glass Palace, even though this building – by no means replaced by the Haus der Kunst – along with 110 pictures from the German Romantic Period as well as three thousand works of then living artists, not only from Munich but from the entire Western world, fell victim to a fire in 1931.

It is impossible to overestimate the significance of the Glass Palace for Munich as an art city. The great encounter of Wilhelm Leibl with Gustave Courbet in 1869 alone is worth mentioning for it opened a door, which, had it remained closed, would have diminished Munich's position, although not that of Paris, for generations.

We can easily forget the thirty pictures displayed at one show by Lenbach, but "Die Sünde" (the sin) by Stuck was an international event, even though that is hard for us to imagine now. The top creations of Occidental art from Barlach to Utrillo, to mention them alphabetically, could be viewed in the Glass Palace, the whole world discussed them. It is impossible to pick out individual names, but at the "International" exhibitions you could admire Corinth, Feininger, Heckel, Lehmbruck, Liebermann, Schmidt-Rottluff, Slevogt, as well as Böcklin or Marées, Manet, Corot, Rodin and later Picasso, to name a few. It would be an act of ingratitude not to mention the names of these men who put their stamp indelibly on Munich's art life.

Even though today it is going through a crisis, we should mention the Kunstverein, modest in its goals, which since 1824 has been interested less in attracting outside artists and more in making Munich artists known to the world. Spitzweg or Buerkel found purchasers for their works through the Society as far off as in America. Today the major galleries have taken over this responsibility, but we should never forget that it was just this "bourgeois" Art Society which prior to World War I exhibited the most daring modern paintings, a deed arousing a thunderstorm of criticism, probably Munich's greatest art scandal.

Without being antiquated in spirit Munich has always been a museum city; of course the possibilities for display were limited in the Galeriestrasse, and not everyone had the overpowering urge to hike to Schleissheim. Crown Prince Ludwig (later King Ludwig I) showed his preference for the Antique, in particular for Greece, and the Glyptothek was the first building he erected. However, the greatest event of his reign was the Pinakothek. Opening its doors to the public in 1836, it only became known all over the world as the "Alte" (Old) Pinakothek later when the less significant adjoining sister gallery was erected. Despite all the objections voiced at the time Ludwig I insisted on having this museum built by his architect Klenze out in the open fields. Great credit is also due to the painter Georg von Dillis who was entrusted with the selection and the arrangement of this rich art collection. What stories could be told about the treasures of this house. The Wittelsbach royal collection, principally from Düsseldorf, Mannheim and Nürnberg (Dürer's "Apostles"), was augmented in 1827 by the collection of the Boisserée brothers. Thousands of art friends have made the trip to Munich just to see these pictures. During World War II the building was largely destroyed, fortunately the pictures themselves were in safe storage. Here again we must pay tribute to determined men, who during a time of great privation insisted on rebuilding the museum in its traditional style despite the vigorous opposition of many who desired a modern solution. The neighboring Neue Pinakothek housing pictures of

the 19th century, particularly those of Karl Rottmann, was completely destroyed. As a building, however, it was of such inferior rank that no one proposed rebuilding it. The pictures from the Neue Pinakothek are temporarily exhibited in the Haus der Kunst, while Rottmanns' Greek landscapes find their natural home in the midst of the antique Greek objets d'art – particularly noteworthy is the collection of vases – in the Art Collection Building on the Königsplatz facing the Glyptothek, reopened in the spring of 1972.

The Bavarian National Museum is not appreciated sufficiently for its contribution to the fame of Munich as a city of art. While the Germanic National Museum in Nürnberg is larger, Munich's is large enough to relate the history of the city and Bavaria and its significant cultural epochs and to save us from denying the heritage of our ancestors. To a more limited degree, but just as energetically, the Municipal Museum on Jakobsplatz strives to achieve the same goal. No one can be so modern and so dedicated to the future that he does not need to go back to the beginning. Past and present are synthesized here.

The recently enlarged collection of works of the "Blue Rider" school, made possible by donations, is a unique jewel of the art city Munich, a treasure exhibited in the Municipal Gallery, but at the same time eloquent testimony of that stormy movement, which was probably possible only in Munich and its Alpine hinterland where the artists had settled; and what a fortunate stroke of fate it was that this all occurred here in the years immediately preceding the First World War when the influence of the older generation had subsided or was no longer strong enough to express the artistic experience of the new era. In 1910 Wassily Kandinsky painted the first completely abstract water color and that alone would suffice to gain for Munich the proverbial title of providing a milestone in the development of art. The boldness of those earlier artists has long become a sine qua non, and today's modern artists dedicate themselves to completely different tasks; only time will tell whether their work represents progress.

We have already hinted that the Haus der Kunst cannot replace the Glass Palace. Derisive titles such as "Athenian Main Railroad Station" provide evidence that this much too bulky, much too high-ceilinged building adjoining the English Garden was more of a source of dissatisfaction to the citizens of Munich than a gain. But they have become accustomed to it and they accept its disadvantages because they recognize that Munich must have a place for major exhibitions if it is to continue to earn its title as a city of art.

The visitors do not flock so much to the annual exhibitions of the artists' association, but rather to the special shows of old masters or to the groups who have now won recognition all over the world – parti-

Die Neue Pinako-
thek mit Werken
berühmter euro-
päischer Künstler
des 19. Jahr-
hunderts im
Westflügel des
Hauses der Kunst.
Zeitlich und auch
räumlich an die
Neue Pinakothek
schließt die Neue
Staatsgalerie mit
Arbeiten aus dem
20. Jahrhundert
an.

La Nouvelle
Pinacothèque,
avec des œuvres
de célèbres
artistes européens
du XIXe siècle, fut
installée après
1945 dans l'aile
ouest de la
Maison de l'Art de
la Prinzregenten-
straße.
La Nouvelle
Galerie d'Etat, qui
renferme des
œuvres contem-
poraines et qui fut
construite
immédiatement
après la Nouvelle
Pinacothèque, fait
suite aux bâti-
ments de cette
dernière.

The Neue
Pinakothek
comprising works
of famed Euro-
pean artists of the
19th century
in the West Wing
of the Haus
der Kunst.
In point of time
and also of
location the New
State Gallery with
works from our
century links with
the Neue Pinako-
thek.

cularly those of the recent past. A visit to them has become almost a must. It can be said without fear of contradiction that anyone who did not attend the exhibition "The Breakthrough to Modern Art" will probably never again have the opportunity to do so despite the wide range of shows being held everywhere nowadays.

We cannot discuss Munich as a city of art without including the crafts, which in the broadest sense of the term have attained a high state of quality here, not without as much criticism as praise. Critics from the North have been loud in their condemnation, for they are offended by the old Bavarian tendency to decoration. It has always been difficult to draw a line between sublime art and superior craftsmanship; just two hundred or so years ago the artists who created the baroque and rococo masterpieces in churches and palaces were considered by the contemporaries to be only craftsmen. In 1850 as the "almost art" threatened to decline, the Munich Society for Arts and Crafts was founded. The fairy-tale king, Ludwig II, made many a craftsman a wealthy man with his contracts for his castles. "Art Nouveau" sought to find new relationships in its craftsmanship, every appliance should be equally creative. Later and extending to the present Munich's utilitarian craftsmanship became world famous as evidenced by the highly successful workshops turning out furniture, home furnishings and objets d'art for Munich and the world. Other more modern home furnishers in a lively give and take provide a bridge to the other cities and countries; and when we include fashion and our lovely shops, we can be confident in Munich's victory over the superpower of kitsch or tasteless finny.

Technology, which can only partially be counted among the sciences, long ago initiated the march into the future. It sealed a pact not only with the sciences but also with the arts, for which we should all be grateful. We are thinking less of construction, whose magnitudes seem almost threatening, but rather of the stage, for without the support of modern engineering technology, brilliant, exemplary staging would be impossible.

However in Munich we must consider in this respect not just the theater, but also that unique harmony of art, science and technology combined into the Deutsches Museum. Oskar von Miller, man of the world and traditional citizen of Munich in one person, knew what he was doing when he placed that giant institution here and not in the Ruhr District or one of the other thriving industrial centers of his day. Munich alone enabled him to unite all the necessary elements harmoniously and rationally. Even that which appears to be merely technical demonstrates its debt to science and art. In Munich the sober utilitarian idea simply cannot prevail and – after all a good house

attracts good guests – all of the numerous visitors regardless of initial prejudices are astonished at how such simple, but creative means can represent the universe and make the laws of nature clear, just that nature which is the ancestral mother of all art and science. Consider only the music section or the observatory to measure the contribution of the Deutsches Museum, or remember what this building alone represented for the creative arts in its construction, then it is easy to realize what it means to Munich and the world, whose representatives come here for annual meetings on Oskar von Miller's birthday. On such festive days Munich can really consider itself to be a center of the spirit. The glorious history of the Nationaltheater has been recorded in a memorial book. We could not write it in any event: The unending series of prominent managers and conductors, the great singers and the unique musicians would be too long. Moreover Munich's opera tradition reaches back to the middle of the 17th century and any complete history would have to honor the architects and artists of this earlier period as well. So we select only a few highlights: Mozart's world and Munich premieres in the old Residenztheater, that intimate jewel of Cuvilliés, predecessor of the present state theater, but thanks to wise foresight and heroic effort saved from the disastrous fire bombing which destroyed so much of Munich's past, and preserved to us as the most beautiful theater in the world. We may not forget the Prinz-regententheater, opened in 1901 and temporarily inactive, but which for over half a century staged festivals, primarily of Wagner, equalling and often surpassing the performances in Bayreuth. Finally we should mention the Gärtnerplatz-Theater, in the service of the lighter muses, but presenting operettas, light opera, comic opera and ballet in such brilliance and perfection that it, too, contributes mightily to Munich's versatile cultural life.

The Schauspielhaus (Municipal Theater) on Maximilianstrasse has attained the cultural level of the New Residence Theater, indeed many theatergoers feel that it has gone even further. The exciting days of the theater on Augustenstrasse are, of course, now only a pleasant memory, or does anyone except the very old really remember the superb Wede-kind and Strindberg performances? Well over a dozen smaller stages have come into being since World War II, including the cabaret, which has now become literary. So even the minor arts thrive in the favorable Munich cultural climate. But grand opera remains Munich's passion. The musical perfection, the staging, the ensemble in the Nationaltheater on Munich's Max-Joseph-Platz are matters of vital concern not only for Munich and Bavaria but for the world, even for America, which in the cultural give and take has more often been on the receiving end, although Munich can be particularly grateful for a temporary reversal

in the stream of talent in the past few years. In all the world only Vienna, whose opera history is closely intertwined with that of the Bavarian capital, is a serious contender for Munich's leading position. A position won perhaps not so much by the opera managers as the conductors. A whole series of world-renowned musicians are included: Felix Mottl, Bruno Walter, Hans Knappertsbusch, Clemens Krauss, Joseph Keilberth, to name but a few who have wielded their baton here.

One thinks of Munich as an art city particularly in terms of the plastic arts, but its importance as a city of music is no less great. Without going back into the glorious past we can present three contemporaries whose rank is assured all over the world: Werner Egk, unquestionably Germany's leading opera composer of the present; Carl Orff, famed not only for his operas and rediscovery of early monastic musical merriment, but for his pioneering musical pedagogy for school children, opening to them a whole new world of appreciation, enjoyment and life-long creation as participants; and Karl Amadeus Hartmann, the founder of the Musica Viva, a series of concerts and foundations to promote appreciation for new "living music", often neglected during a composer's lifetime. We learned to appreciate his own bold music prior to his much too early death.

They were preceded by a much more brilliant trio: Richard Wagner, many of whose operas – sponsored by King Ludwig II and just as heartily rejected by that visionary king's shortsighted subjects – had their world premiere in Munich; Richard Strauss, so much a part of Munich that his opera "Die Frau ohne Schatten" reopened the National-theater upon its completion in 1963; and Hans Pfitzner, the late romantic, hardly known outside of Bavaria, and what a pity, or is it that we are happy to keep something we treasure exclusively for ourselves? We could even include Max Reger, who was a Münchner by choice, and is sadly neglected today. But not every musician from the past is neglected. Munich has become under the skilled and learned hands of that great organist, choral and orchestral conductor, Karl Richter, the very cradle of the tremendous rebirth of interest in Johann Sebastian Bach.

Only old people remember that once great spoken dramas were performed on the stage of the Nationaltheater. Now it is exclusively dedicated to music and one speaks only of the State Opera. This tremendous house, which opened its doors in 1818, was a gift of the good king Max, and was probably the first and largest institution ever intended for all the citizens of Munich, then still only a very small city. It burned to the ground in 1823. And what greater evidence of Munich's love for its opera house could be cited than the fact that the citizenry resolved on the levying of a "beer penny" to finance its rebuilding, what greater

sacrifice could be demanded from the Münchner than that the price of his beloved beer be raised? But they drank no less and paid the tax so that within two years the theater had been rebuilt by no less an architect than Klenze, who, admittedly unwillingly, followed the plans of his predecessor Karl Fischer to produce a faithful copy. And it stood well over a century until 1943, when it was again razed, this time during a bombing raid. Again it was the citizens of Munich, united in an "Association of the Friends of the National Theater" who raised the funds – the state and the city had more urgent building projects in the early postwar years. This time it took considerably longer, partially because some zealous modernists wanted to erect something completely new, but the loyal traditionalists won out and the old, beloved theater was erected in the traditional neo-classic style, a little too pompous perhaps, but for us and our visitors from all over the world a great joy, a joy forever to experience magnificence in an increasingly drab and matter-of-fact world.

To comprehend Munich's artistic and scientific life you must experience Munich as a whole and not just concentrate on one particular aspect. You must see all the highlights, everything it has to offer, no matter how trivial some of them may appear to be – temporarily. Munich is many things for many people, but it is one thing for all: A peculiar brilliance, and this sheds light and enlightenment on friend and critic alike.

Harmony has been Munich's secret for centuries, a harmony which has made Munich a meeting place, a congregation in freedom where everyone, native and guest, can live as he likes and still live in that bright light of Munich culture which conquers obscurity, pettiness, mediocrity, which inspires, elevates and ennobles.

Even today, despite the encroachment of this ring of concrete around the core of the city and the proliferation of the international building colossuses, so completely alien to the familiar look of the traditional Old City, even today it is still possible – and "still" is such a threatening word, almost as if just today, but alas, no longer tomorrow – to find our native milieu, but day by day it becomes ever more difficult. But still – and hopefully is this "still" of less limited tenure – every citizen possessing the good will to be one, even if only of a satellite settlement or from somewhere at the outermost periphery, can come to the heart of Munich, to its sheltering bosom and be nourished by its vital arts and sciences: The theater, the art exhibitions, the museums or Munich life and living itself. Other cities may surpass Munich in some details, but as an entity, as a way of life, as harmony it remains unique. It overflows with the virtues which make it the most human city.

Es gibt in München 25 Museen und Sammlungen, die vom Staat oder von der Stadt unterhalten werden. Hinzu kommt eine Vielzahl von Privatgalerien und Kunsthandlungen, einige unter ihnen von internationalem Rang. Eine Sonderstellung gebührt dem Deutschen Museum. Es ist heute das größte technische Museum der Welt.

A Munich, il y a 25 musées et galeries entretenus par l'Etat ou par la ville. A cela s'ajoute une multitude de galeries privées et de galeries d'art parfois de renommée mondiale. Un rang particulier est dû au Musée allemand. C'est aujourd'hui le plus grand musée technique du monde.

In Munich there are 25 museums and collections maintained by the State or the City To these must be added a number of private galleries and art dealers, some of them of international reputation. The Deutsches Museum deserves a special position.

Willi Daume

Die Olympiastadt
und ihre Entstehung

Die Spiele der XX. Olympiade für 1972 sind nicht der erste Anlaß, den Geist der griechischen Antike im Stadtbild Münchens erkennbar zu machen. König Ludwig I. schickte seine Baumeister nach Griechenland, wo sein Sohn als Otto I. seit 1832 die griechische Krone trug. Dort studierten sie griechische Architektur an der Quelle. Nach diesen Originalvorbildern sind unter anderem die Propyläen, die Staatsgalerie und die Glyptothek entstanden, die den schönen Königsplatz flankieren. Der Wandelgang der Münchner Universität hat nicht zufällig die Länge eines Stadions, des griechischen Maßes, gewählt nach der klassischen Laufstrecke. Die antike Nachbildung des Speerträgers des Polyklet, die in der Universität steht, gehört zu den schönsten Sportskulpturen aus der Blütezeit der alten Spiele.

Die städtebauliche Aufgabe aber, die mit der Ausrichtung der Spiele von 1972 übernommen wurde, konnte sich selbstverständlich nicht an antiken Vorbildern orientieren. Die Lösung mußte dem Geist der Zeit entsprechen, den Bedürfnissen moderner Menschen und moderner Spiele dienen. In keinem Falle aber, selbst wenn Zugeständnisse gemacht werden mußten, haben wir den Anspruch auf hohe künstlerische Qualität aufgegeben. Ein besonderer Glücksfall erleichterte die Lösung ungemein. Knapp 4 Kilometer vom Stadtzentrum entfernt liegt das Oberwiesenfeld, ein ehemals etwa 2,5 Kilometer langes und 1,5 Kilometer breites, unbebautes Gebiet, das einem königlich-bayerischen Kavallerieregiment als Exerzierplatz gedient hatte. In welcher modernen Großstadt läßt sich ein solches zentrales Gelände noch finden? Im Südwesten grenzt das Oberwiesenfeld an das Areal des minarettartig aufragenden Fernsehturms. Von Süden bis nach Südwesten zieht sich eine etwa sechzig Meter hohe Hügelkette hin.

Wer bereit ist, Olympische Spiele auszurichten, muß sich über die Kosten im klaren sein, die auf ihn zukommen. Vordergründigste Überlegung ist die Frage nach den Dimensionen der notwendigen Sportbauten. Wollte man das Weltinteresse voll befriedigen, so müßten diese Anlagen riesige Ausmaße häben. Aber Sportstätten zu schaffen, die nur ein einziges Mal richtig ausgenutzt werden, wäre in der Tat eine Verschwendung von Mitteln, die für soziale Maßnahmen besser angewendet wären.

Es gibt aber noch einen zumindest ebenso wichtigen Grund, den Umfang der Bauten zu beschränken: Ein 100 m-Lauf in einem Stadion für 300 000 wäre für die Zuschauer ein Ameisenrennen, dem menschlichen Maß und der Erlebnisfähigkeit entrückt. Und die im Innenraum kämpfenden Athleten sähen sich von einer anonymen, kaum zu bewegenden Masse umgeben, nicht mehr von einer olympischen Gemeinschaft, die Olympische Spiele zu mehr als zu einer Summe von Weltmeisterschaften macht.

Ein wesentliches Mittel, die Spiele durch Erlebnisse und Erinnerungen zu bereichern, ist das olympische Dorf. Deshalb ist es in den Bedingungen für die Vergabe ausdrücklich gefordert. Erst wenn die Teilnehmer zusammen wohnen und einander in Speise-, Aufenthalts-, Unterhaltungs-, Musik- und Leseräumen dauernd begegnen können, lernen sie sich richtig kennen. Gerade darauf aber kommt es an. Zwischenmenschliche Beziehungen bilden sich aber nicht nur in Begegnungen der verhältnismäßig wenigen am Festort, sondern in unvergleichlich größerem Maß durch die weltweite Ausstrahlung der Ereignisse in Funk und Fernsehen. Diese Aufgabe hat das „Deutsche Olympiazentrum, Radio/Television" zu erfüllen. Unmittelbar am Ort der Geschehnisse, also im Olympiapark, braucht es dazu, neben zahlreichen kleineren Räumen für Technik und Filmlabors, 64 Hörfunk- und 6 Fernsehstudios.

Hinzu kommen bei der Planung eines Olympiaparks die Forderungen des Sportes selbst. Vom Großstadion war schon die Rede. München besaß als einzige deutsche Großstadt noch keines. Von gleich essentieller Bedeutung war in der Planung das olympische Dorf, ein in einem besonderen Optimierungsverfahren entstandener, bemerkenswerter Beitrag zur Kultur modernen Wohnens. Dann eine Schwimmhalle, ein Radstadion, eine große und eine kleine Sporthalle, eine sogenannte Aufwärmhalle für das Hauptstadion, eine Volleyballhalle, der Raumbedarf für Funk- und Fernsehen, all dies war noch in die Planung für das Oberwiesenfeld aufzunehmen. Vorhandene Sportstätten in München mußten für Trainingszwecke ausgebaut werden, eine der Messehallen für die olympischen Fechtkonkurrenzen, eine andere für das Gewichtheben. Auf dem Messegelände war für Ringen und Judo eine neue, zweistöckige Halle zu bauen, die später für Ausstellungszwecke geeignet ist. Schließlich kamen in unmittelbarer Nähe Münchens die Schießanlage in Hochbrück hinzu, die Ruder- und Kanustrecke in Schleißheim und der Ausbau des Lechkanals für Kanuslalom in Augsburg. Der Vollständigkeit halber ist der neue Segelhafen mit eigenen Wohn- und Freizeitanlagen in Kiel zu erwähnen.

Dieses Raumprogramm erforderte riesige Mittel. Ihr Einsatz war nur dann zu verantworten, wenn mit der Schaffung dieser Anlagen zugleich andere Bedürfnisse – besonders im Siedlungsraum München – für die nächsten Jahrzehnte befriedigt werden konnten. In welchem Umfange das tatsächlich geschehen ist, zeigen folgende Beispiele:

Der ganze nordwestliche Teil des Oberwiesenfeldes wurde als zentrale Hochschulsportanlage konzipiert, die der Universität München bisher fehlte. Mit 12 Sport- und Spielhallen, den erforderlichen Hörsälen und Verwaltungsgebäuden sowie 73 Übungs- und Wettkampfstätten auf einer Bodenfläche von 450 000 qm wird die Anlage zu den größten

dieser Art in der BRD gehören: eine Notwendigkeit für die größte deutsche Universität. Hier kommen während der Spiele auch Funk und Fernsehen unter, hier finden die Athleten ein ideales Trainingsgelände. Das olympische Dorf ist eine hochmoderne Wohnsiedlung. Der Gebäudekomplex für die Männer besteht aus bis zu 14 Stockwerken hohen Terrassenhäusern, der für die Frauen aus einem 24stöckigen Hochhaus und 8 zweigeschossigen Bungalows. Zentrum dieses Wohnbereichs ist ein 20 000 qm großes Geschäftsviertel, in dem sich Post, Banken, Theater, Kino, Läden aller Art und – unter einem Dach – eine katholische und eine evangelische Kirche befinden. Auffällige Merkmale des modernen Baustils sind die hängenden Terrassen, die sich dem Himmel und der Sonne öffnen, und die unter den Häusern verlaufenden Fahrstraßen, die Fußgänger- und Fahrzeugverkehr völlig voneinander trennen.

Das Wort vom Olympia der kurzen Wege entspricht den Tatsachen: Die große Sporthalle ist nur 200 m vom Stadion entfernt, und die Schwimmhalle kommt an der nächsten Stelle bis auf sechs Meter an die Sporthalle heran. Die Halle kann später für Reitturniere, Leichtathletik, Sechstagerennen, Bühnendarbietungen, Großkonzerte, Kongresse und Versammlungen dienen. Die Innenspielfläche ist 90 x 45 m groß, das Fassungsvermögen beträgt 7000 Sitz- und 4000 Stehplätze. Die Schwimmhalle hat sechs Becken, darunter das Wettkampfbecken von 50 x 21 m und das große Trainingsbecken von 50 x 12,5 m. Für Turmspringer ist ein separates Becken vorhanden. Das Radstadion liegt am Westrand des Oberwiesenfeldes. Es faßt 5000 Zuschauer; seine Bahn, aus afrikanischem Hartholz, ist 285,714 m lang. Dreieinhalb Bahnlängen ergeben fast einen Kilometer, genau 999,999 Meter.

Repräsentativstes Bauwerk ist natürlich das große Olympiastadion. Es hat nur einen Rang. Seine flache Form ist einem Kreis angenähert, so daß jeder der 80 000 Zuschauer optimale Sicht hat.

Jede der einzelnen Baumaßnahmen bedeutete bautechnisch und künstlerisch eine Sonderaufgabe. Sie alle zu bewältigen, erforderte den Einsatz von über 500 Ingenieuren und Architekten. Die vielen Teile sollten sich wie selbstverständlich zu einer Gesamtanlage vereinigen, die der Kunststadt München und ihrem kulturellen Ansehen angemessen ist. Die Ausschreibung eines Architektenwettbewerbs stand deshalb am Anfang aller Bemühungen. Den 1. Preis für eine solche Gesamtanlage gewannen Professor Günther Behnisch und Partner. Ihre Vorschläge wurden auch ausgeführt. Unvergeßlich bleibt Egon Eiermanns Engagement als Vorsitzender der Jury für diese Entscheidung. Wesentlichen Anteil an der endgültigen Gestaltung hatte dann auch der Landschaftsgestalter Professor Günther Grzimek. Für die Wohnbauten ist Professor Heinle zu nennen.

Olympische Spiele werden wegen ihres weltweiten Interesses häufig zu ernst genommen und sind vom Gigantismus bedroht, Olympiabauten dementsprechend vom Trend zum Monumentalen. Wir wollten aber spielerische Spiele – mit jenem Anflug zum Heiteren, der jedem Spiel anhaftet. Wir wollten deshalb auch einen überschaubaren Festplatz. Auf der ebenen Schotterfläche des Oberwiesenfeldes hätte man einen solchen nicht herrichten können. Dann hätten sich das Olympiastadion und die übrigen Großbauten wie auf einem Aufmarschfeld aneinandergereiht. Teil eines Parks konnten sie nur werden, wenn die Ebene durch Abgrabungen und Aufschüttungen völlig verändert wurde. Die Großtechnik, die schon so manche Landschaft zerstört hat, schuf auf dem Oberwiesenfeld eine reizvolle Natur, einen anmutig gegliederten Park – eine olympische Landschaft.

Diese Landschaft in kurzer Zeit vollständig zu begrünen, bedurfte ungewöhnlicher Anstrengungen. Über 12 000 Sträucher und etwa 4500 größtenteils ausgewachsene Bäume wurden eingepflanzt. Es waren hauptsächlich Linden, die Straßenerweiterungen zum Opfer gefallen waren und nun im Olympiapark weiterleben durften. Silberpappeln, wie die Linden für München typische Bäume, umsäumen die Ufer eines künstlichen Sees. Alle 132 Nationen, die an den Spielen teilnehmen, pflanzten als Symbol einen Baum ihres Landes hinzu. In der Wasseroberfläche von 80 000 qm des Sees setzt sich die gespiegelte Landschaft fort.

Kaum kleiner als der See, mit 74 800 qm nämlich, überspannt ein einziges Zeltdach aus lichtdurchlässigem Plexiglas einen Teil des Olympiastadions, die Sport- und die Schwimmhalle und die Wege zwischen diesen Bauten. Es ist, der hohen Kosten wegen, der umstrittenste Teil des Olympiaparks. Aber es ist der Teil der Anlage, der sie, wie in einer kühnen Zukunftsvision, wohl über alle Sportparks der Welt hinaushebt. Dieses Dach hat zwei Funktionen. Es hilft mit seinen großen, bizarren Formen, die Landschaft zu formen, und es bezieht alle Bauten in die Landschaft ein. Die konvexen und konkaven Biegungen der Dachlandschaft erscheinen ebenso wenig vorberechnet wie die Hänge, Wiesen, Mulden und der See. Insofern ist das Zeltdach trotz seiner gewaltigen Größe ein Antimonument, und es gibt durch seine Transluzenz einen Hauch von der Heiterkeit, die über dem Festplatz für Olympische Spiele liegen sollte.

In vielen Jahren werden die Bürger des an Erholungsanlagen arm gewesenen Nordens dieser Stadt im Schatten der Linden über die 14 Kilometer langen Dämme des Olympiaparks gehen. Sie werden sich seine Wiesen, den See, die Freilichtbühne und die Mulden längst zu eigen gemacht haben, aber sich immer noch des Anlasses erinnern, dem sie dieses Geschenk verdanken.

◁ Das große Olympiastadion hat nur einen Rang und vermeidet durch die Einbettung in eine Erdmulde den Eindruck des Monumentalen, Gigantischen. Die Selbstbescheidung auf 80.000 Sitz- und Stehplätze wahrt „menschliche Maßstäbe", ein Herzensanliegen der Olympiaplaner, und sichert darüber hinaus für die Jahre nach 1972 eine günstige Auslastung. Seine Generalprobe bestand das Stadion am 26. Mai 1972 mit dem Fußball-Länderspiel Deutschland gegen UdSSR, das 4:1 für die Gastgeber endete.

La grand stade olympique n'a qu'un seul rang et son encastrement dans un vallon a permis d'éviter l'impression du monumental, du gigantisme. La limitation à 80.000 places assises et debout maintient des „mesures humaines", souci majeur des planificateurs olympiques, et garantit de plus une utilisation favorable de cette capacité pour les années ultérieures. Une répétition générale, couronnée de succès pour le stade, eut lieu le 26 mai 1972 avec le match international de football RFA/URSS qui se termina par 4:1 pour les inviteurs.

The large Olympic Stadium has only one gallery and avoids the impression of the monumental or the gigantic due to being imbedded in a hollow in the earth. The self-imposed restriction of 80,000 seats and standing-room places preserves "humane standards", a primary objective of the Olympic planners, and guarantees a favorable usage for the years after 1972. The stadium underwent its successful dress-rehearsal on the 26th of May, 1972 with the international soccer match between West-Germany and the USSR, which was won 4–1 by the host nation.

Willi Daume
La ville olympique et sa naissance

Les Jeux Olympiques de 1972 ne constituent pas la première occasion de faire ressortir l'esprit de l'antiquité grecque dans la physionomie de la ville de Munich. Le roi Louis Ier envoya déjà ses architectes en Grèce où son fils, Otto Ier, occupait le trône royal depuis 1832. Ils y étudièrent l'architecture grecque à la source et c'est d'après ces modèles originaux qu'ont été construits entre autres les Propylées, la Galerie d'Etat et la Glyptothèque qui flanquent la belle Königsplatz. Ce n'est pas par hasard que le foyer de l'université de Munich a la longueur d'un stade, aux dimensions grecques choisies selon la piste de course classique. Dressée dans l'université, la reproduction antique du lanceur de javelot de Polyclète fait partie des plus belles sculptures sportives datant de l'apogée des anciens Jeux Olympiques.

Il va de soi que la tâche urbanistique prise en charge avec la préparation des Jeux 1972 ne pouvait pas s'inspirer des modèles de l'Antiquité. Il fallait que la solution des problèmes soit conforme à l'esprit moderne et réponde aux besoins d'hommes et de jeux modernes. Dans aucun cas, même s'il a fallu faire des concessions, nous n'avons cependant renoncé à l'exigence d'une haute qualité artistique. Un coup de chance particulier facilita énormément la solution. A quatre kilomètres à peine du centre de la ville est situé le Oberwiesenfeld, une zone non bâtie d'une longueur de 2,5 km et d'une largeur de 1,5 km, qui avait servi de terrain d'exercice à un régiment de cavalerie royal bavarois. Quelle est la capitale moderne disposant encore d'un tel terrain central? Au sud-ouest, l'Oberwiesenfeld confine au terrain sur lequel s'élève, tel un minaret, la Tour de la télévision. Du sud au sud-ouest s'étend une chaîne de collines étirée, d'une hauteur d'environ 60 mètres.

Quiconque est disposé à préparer des Jeux Olympiques doit se rendre compte des frais qu'ils impliquent. La question primordiale est celle des dimensions des installations sportives nécessaires. Si l'on voulait satisfaire pleinement l'intérêt mondial, il faudrait que ces installations soient gigantesques. Créer des emplacements de sport qui ne servent véritablement qu'une seule fois, serait en effet un gaspillage de fonds lesquels seraient bien mieux employés à la réalisation de mesures d'ordre social.

Il y a cependant une raison au moins aussi importante à la limitation de l'ampleur des constructions: la constitution physique de l'homme. Un 100 mètres dans un stade pouvant contenir 300 000 personnes serait une course de fourmis pour les spectateurs, dérobée à la mesure humaine et à la possibilité d'être vécue. Par ailleurs, les athlètes luttant à l'intérieur du stade se verraient entourés d'une masse anonyme presqu'impassible et non plus par une communauté olympique qui fait que les Jeux Olympiques sont bien davantage qu'une somme de championnats du monde.

Un moyen essentiel destiné à enrichir les Jeux par des événements vécus et des souvenirs est le village olympique. Ce n'est que lorsque les participants habitent ensemble et peuvent se rencontrer en permanence dans les réfectoires, les salles de séjour, de récréation, de musique et de lecture, qu'ils apprennent à se connaître réellement et durablement. C'est précisément cela qui est d'une importance capitale. Des rapports d'homme à homme ne s'établissent cependant pas seulement lors de rencontres d'un certain nombre de gens, relativement peu importants, sur l'emplacement même des Jeux solennels, mais dans une mesure incomparablement plus grande grâce à la diffusion universelle des événements par la radio et la télévision. Cette tâche incombe au «Centre olympique allemand radio/télévision». Directement sur le lieu des événements, c'est-à-dire dans le parc olympique, il lui faut à cet effet, outre de nombreux locaux de moindre importance pour les services techniques et les laboratoires cinématographiques, 64 studios de radiodiffusion et 6 studios de télévision.

Au moment du planning d'un parc olympique, il faut aussi tenir compte des exigences du sport proprement dit. Il a déjà été question du grand stade. Munich était la seule ville allemande n'en possédant pas. D'une importance tout aussi capitale était, lors du planning, le village olympique, contribution remarquable à l'habitat moderne réalisée selon un procédé particulier réunissant, à tous les points de vue, des conditions optimales. Ensuite une piscine, un vélodrome, une grande et une petite salle de sports, une salle d'échauffement pour les athlètes dans le stade principal, une salle de volley-ball, des locaux pour la radio et la télévision, tout cela devait encore figurer dans le planning pour l'Oberwiesenfeld. Des terrains et des salles de sport déjà existant à Munich ont dû être aménagés pour permettre l'entraînement, un des halls d'exposition pour les poules d'escrime olympiques et un autre pour les poids et haltères; sur le terrain des expositions, il a fallu construire, pour la lutte et le judo, un nouveau hall de deux étages qui pourra servir plus tard à des fins d'exposition. A proximité immédiate de Munich sont venus s'ajouter enfin le champ de tir à Hochbrück, les parcours d'aviron et de canotage à Schleissheim et l'extension du canal du Lech pour le slalom de canotage à Augsburg. Pour être complet, il faut mentionner le nouveau port de plaisance avec ses propres centres d'habitation et de loisirs à Kiel.

Ce programme d'aménagement exigeait des fonds énormes dont l'engagement ne pouvait être justifié que si la création de ces installations donnait en même temps satisfaction à d'autres besoins, notamment dans la zone d'habitation de Munich, pour les prochaines décennies. Les exemples suivants montrent l'ampleur effective de ces réalisations:

Toute la partie nord-ouest de l'Oberwiesenfeld a été conçue comme terrain de sport universitaire dont l'université de Munich était privée jusqu'à ce jour. Avec 12 salles de sport et de jeux, les salles de cours et les immeubles administratifs nécessaires ainsi que 73 terrains d'exercice et de compétition sur une superficie de 450 000 m², l'installation complète sera l'une des plus importantes de ce genre en RFA: une nécessité pour la plus grande université allemande. C'est également ici que seront logées la radio et la télévision pendant les Jeux et c'est ici que les athlètes trouveront un terrain d'entraînement idéal.

Le village olympique est une cité d'habitation supramoderne. Le groupe d'immeubles réservés aux hommes consiste en maisons à terrasses dont certaines ont jusqu'à 14 étages tandis que celui réservé aux femmes comprend un building de 24 étages et huit bungalows à deux étages. Le centre de cette cité d'habitation est constitué par un grand quartier de magasins de 20 000 m² dans lequel se trouvent les PTT, des banques, un théâtre, un cinéma, des magasins de tout genre et, sous le même toit, une église catholique et une église protestante. Les caractéristiques surprenantes du style de construction moderne sont les terrasses suspendues, exposées au ciel et au soleil, de même que les voies de circulation passant au-dessous des maisons et qui séparent complètement la circulation des piétons de celle des automobiles.

Le terme «Jeux Olympiques des courts trajets» correspond à la réalité: le grand hall des sports n'est distant que de 200 mètres du stade, tandis que la partie la plus proche de la piscine n'est qu'à six mètres du hall des sports. Ce hall peut servir plus tard à des compétitions équestres, à l'athlétisme, aux six-jours, à des représentations théâtrales, à de grands concerts, à des congrès et réunions. La superficie intérieure de la scène fait 90 x 45 m, sa capacité étant de 7000 places assises et de 4000 places debout. La piscine a six bassins dont le bassin des compétitions de 50 x 21 m et le grand bassin d'entraînement de 50 x 12,5 m. Un bassin séparé est réservé aux plongeurs. Le vélodrome est situé en bordure ouest de l'Oberwiesenfeld et peut recevoir 5000 spectateurs; sa piste, en bois dur africain, a une longeur de 285,714 m. Trois tours de piste et demi font près d'un kilomètre, exactement 999,999 mètres.

La construction la plus imposante est bien entendu le grand stade olympique, qui ne dispose que d'un seul rang. Sa forme plate se rapproche d'un cercle, de sorte que chacun des 80 000 spectateurs a une vue optimale. C'est ici qu'on a eu les plus grandes difficultés pour éviter l'impression inopportune du monumental. Cela a réussi grâce à l'encastrement du stade dans un vallon.

Chacune des constructions représentait une tâche exceptionnelle du point de vue architectural et artistique. Pour en venir à bout, il a fallu l'intervention de plus de 500 ingénieurs et architectes. Les nombreux éléments devaient s'unir quasi naturellement en un vaste ensemble convenant à la ville d'art de Munich et à son prestige culturel. L'ouverture d'un concours d'architectes se trouvait donc au premier plan de toutes les préoccupations. Le 1er prix pour une telle installation complète fut remporté par le Professeur Günther Behnisch et ses collaborateurs. Leurs projets furent effectivement réalisés. L'engagement de Egon Eiermann, en tant que Président du jury, demeure inoubliable. Le Professeur Günther Grzimek, architecte paysagiste, participa de façon déterminante à la réalisation définitive tandis qu'il faut citer le Professeur Heinle pour la construction des centres d'habitation. Le gazonnement intégral de ce paysage en peu de temps exigea des efforts extraordinaires. On y planta plus de 12 000 buissons et environ 4500 grands arbres dont notamment des tilleuls, qui avaient été les victimes d'élargissements de routes, et purent ainsi survivre dans le parc olympique. Des peupliers argentés, arbres caractéristiques de Munich au même titre que les tilleuls, bordent les rives d'un lac artificiel. Chacune des 132 nations participant aux Jeux y planta, à titre de symbole, un arbre de son pays. Le paysage se reflète et se prolonge dans la surface de l'eau du lac d'une superficie de 80 000 m².

A peine plus petit que le lac, un toit en pavillon absolument translucide de 74 800 m², en fibres synthétiques, recouvre une partie du stade olympique, le hall des sports et la piscine de même que les chemins traversant ces constructions. Vu son coût élevé, ce toit est la partie la plus controversée du parc olympique. Il n'en demeure pas moins qu'il s'agit de la partie de l'installation qui, dans une audacieuse vision de l'avenir, la situe sans doute en tête, et de loin, de tous les parcs des sports du monde. Ce toit a deux fonctions. Il contribue d'une part, avec ses grandes formes bizarres, au façonnement du paysage et d'autre part, il y englobe toutes les constructions. Les courbures convexes et concaves du paysage de toiture qu'il forme paraissent aussi peu calculées à l'avance que les pentes, les prés, les vallons et le lac. Le toit en pavillon est donc un antimonument, malgré ses vastes dimensions, et fournit, grâce à sa translucidité, un soupçon de la sérénité qui devrait être de rigueur dans l'ambiance prévalant sur la place des fêtes réservées aux Jeux Olympiques.

Pendant de nombreuses années, les citoyens du nord de cette ville se promèneront à l'ombre des tilleuls, sur les remblais de 14 km du parc olympique. Ils auront assimilé depuis longtemps ses prairies, le lac, le théâtre de plein-air et les vallons, se rappelant encore l'occasion qui leur a valu ce cadeau.

Die Landschaft des Olympiaparks ist mit ihrem 75.000 qm umspannenden Dach schon heute weltberühmt, Der Entwurf stammt von dem Stuttgarter Architekten Günter Behnisch, der 1967 mit seinen Partnern 1. Preisträger eines Bebauungswettbewerbs für das Oberwiesenfeld wurde

Avec son toit de 75 000 m², le paysage du parc olympique est d'ores et déjà célèbre dans le monde entier. Le projet est dû à l'architecte Günter Behnisch de Stuttgart qui, avec ses collaborateurs, obtint le 1er prix d'un concours d'architecture pour l'Oberwiesenfeld en 1967.

The Olympic Park landscape with its 75,000 square meters of roofing is already world-renowned. The planner is Günter Behnisch from Stuttgart who, together with his partner, won the first prize in the competition for the Olympic design of the Oberwiesenfeld.

Willi Daume

The Olympic City
and how it grew

The 1972 Games are not bringing the spirit of Grecian Antiquity to Munich for the first time. King Ludwig I had a soft spot in his heart for Grecian culture and after having sent his son to reign there from 1832 as Otto I, he dispatched his favorite architects to study the models he loved so much right on the spot. The Propylaea, the State Gallery and the Glypothek, flanking Munich's Königsplatz, are the result of their joint efforts – ancient Greece in the heart of Munich. It is no accident that the promenade of the Munich University is exactly one stadium long, the Greek measure of length taken from the classical race course. The antique reproduction of the Polycletian javelin thrower standing in the University is one of the most beautiful sport sculptures from the golden age of the antique Games.

But the building project necessary for a host to the Olympic Games could not of course find its sole inspiration in classical models. All of this had to conform to the spirit of the times and to serve the needs of modern man and modern games. Even if we have been forced to make some compromises, we have sacrificed nothing in the way of artistic quality. One very fortunate circumstance simplified our problem considerably. Some 4 km from the center of the city is the Oberwiesenfeld, 2.5 km long and 1.5 km wide and previously undeveloped, which had once served as the training grounds for a Royal Bavarian Cavalry Regiment. What modern large city still has such a centrally located area of this magnitude? To the southwest the Oberwiesenfeld borders on the grounds of the TV tower rising like a minaret into the blue Bavarian skies. On the southern rim a long chain of hills almost sixty meters in height stretch to the southwest.

The host to the Olympic Games must appreciate the costs. One of the first and most important questions is the size of the sport facilities to be erected. If the interest of the entire world is to be satisfied to any degree at all, then they must have tremendous dimensions: But to create sport buildings that are used to the full only on one big occasion would really be squandering money that could be better used for social purposes.

There is, however, yet another reason for limiting the size of the buildings, and this is just as important: our own human physical limitations. A 100 meter race in a stadium holding 300,000 people would be an ant race, having nothing to do with human proportions. The spectators would be observing through the wrong end of a telescope. And the athletes contending in the arena would find themselves surrounded by an enormous anonymous impersonal mass, incapable of personal enthusiasm and emotion, a far cry from the Olympic community that elevates the Olympic Games to something bigger than just a sum of world championships.

The Olympic Village is an essential means of enriching the Games, providing as they do experiences and memories. For this reason the erection of this Olympic Village is one of the conditions that the host must accept in order to receive the honor of providing the site for the Games. It is only when participants live together and can be in steady contact with each other in dining halls, lounges, entertainment rooms, music rooms and reading rooms that they forge permanent friendships. And that is what the Games are all about. Person-to-person relationships are created not only through the contacts of the relatively few at the Games themselves, but to an immeasurably greater degree also through the world-wide radio and television broadcasts of the events. This is the mission of the "German Olympic Center, Radio/Television". Located directly on the scene of action, it requires 64 radio and 6 television studios as well as numerous small rooms for technical facilities and film laboratories.

When you plan an Olympic Park, you must naturally think primarily of the requirements for the sports themselves. We have already mentioned a large stadium. Munich was the only large German city without one. In the planning, the location and design of the Olympic Village played a great role and the special optimization process employed produced a notable contribution to modern living culture. Then came an aquatic hall, a cycling stadium, a large and a small sport hall, a so-called "warm-up" hall for the main stadium, a volleyball hall, all the space required for radio and TV. And all of this had to be integrated into the overall planning for the Oberwiesenfeld. Existing sport facilities in Munich had to be adapted for training purposes, one of the trade fair halls was remodelled for the Olympic fencing matches and another for weight-lifting; and at the Fair Grounds a new two-story building was put up for wrestling and judo, later it will be used for exhibitions.

This program swallowed huge sums of money. It could only be justified if the facilities it provided could satisfy other needs in the coming decades, particularly in the densely settled Munich urban area. How we have solved this double problem is illustrated by the following examples. The entire northwestern section of the Oberwiesenfeld was designed as a central university sport complex which previously the Munich University had been lacking. With 12 sport and games halls, the necessary lecture rooms and administrative buildings as well as 73 training and playing fields located on grounds with an area of over 100 acres, this establishment will become one of the largest of its kind in the Federal Republic of Germany: a requisite for the largest German university. During the Games radio and TV will also be accommodated here, and the athletes find an ideal training terrain here.

The Olympic Village is a highly modern residential project. The building

complex for men is composed of terraced houses rising up to 14 stories, while the female participants occupy a 24-story structure and eight 2-story bungalows. The heart of this dwelling area is a shopping section covering more than 5 acres and containing a post office, banks, a theater, a cinema, shops of every description and a Catholic and a Protestant church under one roof. The striking characteristics of the modern construction style are the hanging terraces opening up to the sun and the sky and the streets beneath the houses which completely separate pedestrians from vehicles.

The promise of "the Olympic Games of short distances" has become reality: The large sport hall is only 200 meters away from the stadium and the aquatic hall adjoins the sport hall at a distance of 6 meters. The hall can later be used for riding tournaments, light athletics, 6–day races, stage performances, large concerts, conventions and meetings. The inside playing area measures 90 x 45 meters and the hall has room for 7,000 seated and 4,000 standing spectators. The aquatic hall has 6 pools including the championship pool measuring 50 x 21 meters and the large training pool with dimensions of 50 x 12.5 meters. The divers have a separate pool. The cycling stadium is on the western rim of the Oberwiesenfeld. It has a capacity of 5,000 spectators and its track, made of African hardwood, is 285.714 meters long. 3 1/2 laps make up a kilometer – almost, 999.999 meters to be exact.

The prize structure is naturally the large Olympic stadium. It has only one gallery. Its flat shape approximates a circle so that each of the 80,000 spectators has an optimal view. Here it was difficult to avoid the impression of the monumental, but embedding the stadium in a hollow reduced its apparent proportions.

Each of the individual projects presented a special problem from an engineering and an artistic point of view. Over 500 engineers and architects cooperated to solve all these problems. All components were to merge naturally into a unity doing justice to Munich, the city of art, and its cultural standing. An architectural competition was therefore the starting point for everything which followed. Professor Günther Behnisch and Partners won the first prize for such a complex. Their suggestions were also executed. We shall never forget Egon Eiermann's dedication as Chairman of the Jury making the award. Professor Günther Grzimek, the landscape architect, also played an important part in designing the overall project, while Professor Heinle was responsible for the quarters.

Because world-wide attention is focused on them, Olympic Games frequently are taken too seriously and are threatened by Gargantuanism, and the buildings following in the train trend to the monumental. We wanted sportive games, however, with that touch of joviality which

infects every game. So we wanted a site whose character could be clearly perceived. This could not have been erected on the flat gravel surface of the Oberwiesenfeld. The Olympic stadium and the other large structures would then have been stiffly arranged as if on a parade ground. They could only become part of a park after the terrain had been completely altered through the creation of hills and hollows. Large-scale engineering techniques, which have spoiled so many landscapes, conjured a charming bit of nature onto the Oberwiesenfeld, a gracefully proportioned park, an Olympic landscape.

It required unusual efforts to create greenery for this landscape in this short period of time. Over 12,000 bushes and around 4,500 mostly fully-grown trees were planted. These were mainly lindens, victims of street-building projects now given a new lease of life in the Olympic Park. White poplars, just as typical as lindens for Munich, line the shores of an artificial lake. All 132 participating nations also planted a tree from their respective countries as a symbol. The surface of the 20 acre large lake mirrors the park.

Scarcely smaller than the lake, a unique completely transparent plexi-glas tent roof covers a part of the Olympic stadium, the sport hall and the aquatic hall and the paths between them. Because of its tremendous cost this is the most controversial part of the Olympic park. But it is that part of the total complex which through its bold vision of the future places the Olympic park in a class all by itself among all other sport parks in the world. This roof has two functions. With its large-sized bizarre shapes it helps to mold the landscape and it incorporates all buildings into the landscape. The convex and concave curves of the roof profile appear to be just as uncalculated as the slopes, meadows, dales and the lake. In this respect the tent roof despite its overwhelming size is an anti-monument and through its translucence it imparts a touch of the gaiety which should be in the air for the Olympic Games. Because of the boldness of its design and the many discussions about it, this roof has by now become known all over the world. Eventually, like the towers of the Cathedral, it will become a Munich landmark. Perhaps we may be permitted to claim in passing something else of Munich's beauty: the English Garden for archery and the Palace Park of Nymphenburg for the Olympic competitions in show riding.

In years to come the citizens of the northern part of the city, previously poorly endowed with recreational facilities, will walk along the 10 miles of the ridges of the Olympic park. They will long have claimed its fields, the lake, the open-air stage and the hollows for their own, but they will always remember the occasion to which they are indebted for this gift.

Münchens Freizeitwert wird der höchste aller deutschen Städte genannt, und das gewiß nicht allein wegen der Schätze des Deutschen Museums, sondern ebenso der Kostbarkeiten wegen, die vor den Toren der Stadt liegen: Wald und Hügel, See und Berg, Barock und Dorfidylle.

On dit que de toutes les villes allemandes, c'est Munich qui offre le plus de possibilités de passer ses loisirs, certainement pas en raison des trésors que renferme le Musée allemand, mais aussi bien à cause des véritables «objets précieux» qui s'étalent aux portes de la ville et qui ont nom: forêts et collines, lacs et montagnes, villages idylliques et style baroque.

Munich's recreational index tops that of all other German cities, and certainly not just because of the treasures of the Deutsches Museum, but as well thanks to the gems lying just outside the city gates: forests and hills, lakes and mountains, baroque splendor and village rusticality.

Herbert Schneider

Land und Leute
rund um München

München liegt in Bayern, und die Münchner, wenn sie rechte sind, wissen von ihrem zweifachen Glück: dem ersten, Sohn oder Tochter dieser vielgerühmten Stadt zu sein, und dem zweiten, das gleichrangig damit verbunden ist: die weißblaue Fahne halten zu dürfen, Bayer zu sein. Mit Bayern meint der Münchner nur ganz am Rande die Rebenhänge am Main (obwohl er den Wein in den Bocksbeutelflaschen zu schätzen weiß) oder die romantisch verträumten Städtchen Frankens und Schwabens, von deren mittelalterlichem Reiz er leise erstaunt erzählen hört. Sein Bayern liegt sozusagen vor der Haustür, und manchmal, wenn der Föhn das Land an die Stadt heranzaubert, kann er es schier mit Händen greifen. Auf der Aussichtskanzel des Olympiaturms stehend, sieht er sein geliebtes Revier vor sich ausgebreitet: Im Süden schirmt es das blaue Band der Berge, denen in weißer Neugier Tirols Gletscher über die Schulter schauen, gegen Norden verfließen seine Grenzen im Hopfenland der Holledau, und dahinter, irgendwo in der Fruchtbarkeit Niederbayerns, ahnt er den großen Strom, die Donau.

Da und dort verargt man den Bayern, daß sie neben die bundesdeutschen noch ihre eigenen Grenzpfähle setzen mit der Aufschrift „Freistaat Bayern". Wo gemeint ist, daß dieses Land eine republikanische Verfassung hat, argwöhnen sie, daß wir frei von ihnen sein möchten. Wollen wir das wirklich? Doch höchstens dann, wenn sie uns wieder einmal bei Nacht und Nebel einen dieser schönen bayerischen Grenzpfähle umgeschnitten und entführt haben.

Laßt uns doch, bitte, diese allerletzten Reste einstiger Souveränität, die uns Krone und Zepter ersetzen müssen. Je ferner uns unsere Könige werden, umso mehr lernen wir sie schätzen. Jenen ersten Ludwig, den wir wegen einer läppischen Liebschaft mit einer spanischen Tänzerin zur Abdankung zwangen, verehren wir heute als „königlichen Baumeister Münchens", und sein Enkel, der zweite Ludwig, der anstatt Kinder Schlösser und Schulden in die Welt setzte, ist in der Popularität noch von keinem bayerischen Ministerpräsidenten übertroffen worden. Wo der „Freizeitwert" am höchsten ist, dorthin haben „Königs" ihre Schlösser gebaut – an den Fuß der Berge, an die Ufer der Seen. Sie dachten an Jagd und Fischwaid, wo wir an Wandern und Bergsteigen, an Baden und Segeln denken. Münchens Freizeitwert wird der höchste aller deutschen Städte genannt, und das gewiß nicht allein wegen der Schätze des Deutschen Museums oder der Alten Pinakothek, sondern wohl mehr der Kostbarkeiten wegen, die vor den Toren der Stadt liegen: Wald und Hügel, See und Berg, Barock und Dorfidylle, und mittendurch sich schlängelnd jener zwanglos heitere „bavarian way of life" mit Fasching und Oktoberfest, Leberkäs und Blasmusik, Floßfahrt und Eisstockschießen, Gipfelrast und Skiabfahrt.

Dreißigtausend München-Zuwanderer erliegen Jahr für Jahr dieser Faszination, und wenn sie uns eines Tages fragen, ob sie wohl auch einen Trachtenanzug oder ein Dirndl tragen könnten, dann weiß man, daß man ab sofort fest mit ihnen als „Neubayern" rechnen kann. Münchens Renommierlandschaft liegt im Süden, und wer einen Wegweiser dorthin sucht, der halte sich an die Isar, die „muntere Karwendeltochter", wie sie in bayerischen Schullesebüchern genannt wird. Noch im Bereich der Großstadt breitet sie ihre ländlichen Reize, ihre frische Natürlichkeit an die bewaldeten Hochufer und bestellt Grüße von Kloster Schäftlarn und der Pupplinger Au, von Bad Tölz, Mittenwald und Tirols Bergen, von denen sie als frisches Wasser herabspringt ins Tal. Ja, dieses Gebirg und dieses Voralpenland! Der Verfasser muß sich Mäßigung auferlegen. Worte wie lieblich, sauber, stolz, schneidig, anmutig drängen sich ihm auf, wenn er an die Marktflecken und Dörfer denkt, an die Einzelhöfe mit ihren leuchtenden Geranien auf den Altanen, an die Dreieinigkeit von Zwiebelturm, Maibaum und Wirtshaus, an die blasse Silhouette der Zugspitze über Würm- und Ammersee, an den Steig, der vom Herzogstand zum Heimgarten führt, oder an die Hüttenwand, an der man, im Ohr den Gesang des Schmelzwassers vom Dach herunter, in der Märzensonne lag.

Profitgier versuchte und versucht da und dort, diese Landschaft mit Beton zu unterjochen. Doch wo falsche Fortschrittspropheten an Gewinn, Steueraufkommen und Prestige denken, besinnt sich die Bevölkerung auf Umweltschutz und Zukunft und legt oft mit Erfolg ihr Veto ein. So mußten höchste Herren von ihrem Plan, am Alpenland über einem riesigen Grundwasserspeicher einen ganzen Forst für einen Großflughafen abzuholzen, unter dem Druck der Bürger aufgeben und einen neuen Standort suchen.

Freilich wäre es falsch, eine Käseglocke über das Land zu stülpen. Für Bayern ist die Industrie in einer Zeit, die immer mehr Bauern in einen Nebenverdienst oder gar zur Aufgabe der Landwirtschaft zwingt, lebensnotwendig. Erdölraffinerien, Maschinen- und Automobilbau, Glashütten, Eisenerzgewinnung, Erdgas, chemische Fabriken, Kraftwerke, gewerbliche und holzverarbeitende Industrie, Landbrauereien – dem alten Stamm sind kräftige neue Äste und Zweige nachgewachsen. Hauptsächlich im nördlichen Bayern sind sie angesiedelt.

Wenn man der Isar nach Norden folgt, versachlicht sich überhaupt die Szene. Konnte man im Süden der Landeshauptstadt glauben, die Natur habe Kulissen für ein Wildererstück aufgestellt, so treten nunmehr die großen Gesten zurück und machen einer nüchternen, selbstgenügsameren Betrachtungsweise Platz. Das Gefühl für Äußerlichkeiten nimmt ab, der Sinn fürs Praktische zu.

Der Bauernhof als Beispiel: im Oberland steht er da wie hingestellt für eine Ansichtspostkarte, wohlgefällig dem Auge mit seinem vorspringen-

den Dach, mit Blumen, holzgedrechselten Balkonen und Lüftlmalereien. Je weiter die Alpen zurücktreten, um so mehr wird er eine Burg der Arbeit, im Geviert errichtet und von ruhiger Kraft, doch oft vernachlässigt. Kein Hätschelkind ist hier das Haus, sondern eine Dienstmagd. Und doch kann auch dieses Niederbayern zum Bilderbuchland werden! Zum hellen Grün der Wiesen und dem dunkleren der Wälder mischen sich die freundlichen Farben des Getreides. Dies fruchtbare Land ist die Korn- und Speisekammer Münchens, der Boden, aus dem „Hopfen und Malz" kommen, um in den Sudpfannen zum berühmten bayerischen Bier zu werden. Wer diesen Landstrich mit dem Auto buckelauf, buckelab durchmißt, mag sich vorkommen wie ein Kapitän auf einem Schiff, an dem Woge um Woge vorüberzieht mit Wiese, Wald und Acker, mit Mensch und Vieh, mit Weiler, Dorf und Markt, bevor die Ebene vor der Donau beginnt und dahinter wieder die grünen Wellen des Bayerischen Waldes.

Diese Marktflecken muß man gesehen haben in ihrer selbstsicheren Behäbigkeit, in der Mitte der mächtige Marktplatz mit seinen Brauhäusern und seiner wohltemperierten Geschäftigkeit, um das ganze Niederbayern zu verstehen. „Mir san mir", sagen die Bewohner dieser bäuerlichen Zentren, und der Fremdling, der dort für seinen Schweinsbraten bloß drei Mark bezahlt, mag sich diese Art des Auftrumpfens gerne gefallen lassen.

In Bayern leben Bayern, wenn das auch manchmal von Zuwanderern beklagt wird. Münchner Korrespondenten von außerbayerischen Zeitungen wissen ziemlich genau, wie die Bayern sind: originell und katholisch, aber leider auch stur, derb und rückständig. Hört nur: die „Seppls" tragen lederne Hosen, die entweder unten zugebunden sind oder ihre furchterregenden nackten Knie zeigen. Wenn sie nicht grad schnupfen oder Knödel essen, jodeln sie vor Felsen, die ein siebenfaches Echo zurückwerfen. So was liest man außerhalb Bayerns immer wieder gern, und wenn dann noch berichtet wird, der bevorzugte Sport in den Bergen sei neben dem Fingerhakeln die Blutrache, dann bestellen Tausende (vielen Dank, liebe Image-Pfleger!) mit wohligem Erschauern wieder ihr Sommerquartier zwischen Oberstdorf und Berchtesgaden.

Man sollte davon ausgehen, daß schlechte Eigenschaften nicht bloß in Ostfriesland und Bayern verbreitet sind, sondern darf sie sich getrost

Sinnenfreudig, stolz, jähzornig, geschickt in den Handwerken, große Trinker und Esser, geborene Festefeierer und dazu obrigkeitsfeindliche Individualisten: Da habt ihr den Kelten und damit wohl auch ein wenig den Altbayern, einen Vetter zweiten Grades der Franzosen und Iren. Wo alles und jedes einem schnellen Wandel unterworfen ist, da bleibt der Bayer immer noch konservativ. Wo in der Bundesrepublik, vielleicht mit Ausnahme des alemannischen Sprachraums, hängt man noch so an der althergebrachten Sprache, wo werden Volksmusik, Volkslied und Tracht noch so gepflegt, wo sind Bräuche noch so lebendig? Der konservative Grundton, von anderen als Schwerfälligkeit bespöttelt, hat dem Bayern viele Wurzeln belassen, aus denen er auch in dieser Zeit des Umbruchs noch Halt und Geborgenheit gewinnt.

„Plaibt gern dahaim, raist nit vast auß in frembde land..." hat Bayerns Geschichtsschreiber Aventin den Bayern des 16. Jahrhunderts bescheinigt, und für die aus unserer Zeit ließe sich hinzufügen: höchstens für drei Wochen an das Mittelmeer, oder noch lieber in die Steiermark oder nach Südtirol, wo die verwandte Art anzutreffen ist. Ansonsten sind die meisten Klischees falsch. Nur höchst selten tragen die Bayern Kröpfe, feststehende Messer und Wadlstrümpfe, und die Kunst des Jodelns und Zitherspielens beherrscht vielleicht von tausend gerade einer. Es bedarf keiner Uniformierung mit Leder und Loden, auch im Kammgarnanzug mit Krawatte und Manschettenknöpfen kann man ein guter Bayer sein. „Leben und leben lassen" gehört zum Wesen der bayerischen Weltanschauung, die eigene Art hochhalten und das andere daneben gelten lassen, das ist es auch, was das Leben in Bayern angenehm macht für alle.

„A bisserl a Liab, a bisserl a Treu und a bisserl a Falschheit is aa dabei!" Das behauptet ein bayerischer Vierzeiler, ein sogenanntes Gstanzl. A bisserl a Liab, das ist, wenn die Kathi ihr altes Bauernhaus um nichts auf der Welt hergeben tät. A bisserl a Treu, das ist, wenn sie es aber dann doch einem Münchner Ehepaar, das jahrzehntelang zu ihr in die „Sommerfrische" gekommen ist, zum Kauf anbietet. Und das bisserl Falschheit besteht darin, daß sie gleichzeitig „ihr Sachl" in drei großen westdeutschen Zeitungen zum Verkauf inseriert.

Zwanzigtausend Mark mehr, das ist der Kathi das bisserl Falschheit leicht wert gewesen. Doch wer wollte sich darüber grämen: Die Kinder dieser zwei glücklichen „Preußen", die jetzt in dem gemütlichen alten

◁ Gott sei Dank! Die Idylle des Landschaftsbildes bestimmen noch heute Wald und Hügel, See und Berg, Barockkirche und Getreidefeld. Zu Unrecht aber gilt Bayern nur als Land der Bauern und Ferienfreuden. Das industrielle Großstadtleben ist längst in alle Regionen des Landes eingedrungen. Der Münchner allerdings, wenn er sich als Bayer fühlt, denkt zunächst an Altbayern. Erst ein ausgeprägtes Staatsbewußtsein erinnert ihn dann auch an seine im weiß-blauen Freistaat beheimateten schwäbischen und fränkischen Landsleute.

Dieu merci! Le caractère idyllique du paysage est déterminé, aujourd'hui encore, par la forêt et les coteaux, les lacs et les montagnes, l'église baroque et le champ de blé. Mais c'est à tort qu'on ne voit dans la Bavière que le pays de l'agriculture et des vacances. Il y a longtemps que la vie industrielle des grandes villes a fait irruption dans toutes les régions du pays. Il est vrai que le Munichois, lorsqu'il se sent Bavarois, pense en premier lieu à l'ancienne Bavière. Ce n'est qu'un civisme marqué qui lui rappelle ensuite ses compatriotes souabes et franconiens, ressortissants de l'Etat libre de Bavière.

Thank goodness! Hills and woods, lakes and mountains, baroque church and fields of grain still make up the idyllic landscape. But Bavaria is not just a land of farmers and holiday pleasure. Big city industrial life has long since penetrated all corners of the state. The citizen of Munich when he prides himself on being Bavarian is thinking primarily of "Old" Bavaria. Only a pronounced civic consciousness reminds him of his Swabian and Franconian countrymen who are also at home in the blue and white Free State.

Herbert Schneider

Les pays munichois et ses habitants

Munich est en Bavière et les Munichois authentiques sont bien conscients de leur double chance: premièrement, ils sont les enfants de cette ville tant célébrée et deuxièmement, ce qui est tout aussi important, ils sont en droit de brandir le drapeau blanc et bleu: ils sont Bavarois.

La Bavière, pour le Munichois, ce ne sont pas tellement les vignobles sur les bords du Main (bien qu'il sache en apprécier le vin, présenté dans des bouteilles en forme de «bourse de bouc») ou les petites villes de Franconie et de Souabe romantiques et rêveuses, dont il écoute, à demi-étonné, raconter le charme médiéval. Sa Bavière, le Munichois la voit pour ainsi dire devant sa porte et parfois, lorsque le föhn apporte, comme par enchantement, la campagne à la ville il pourrait, pour un peu, la saisir à mains nues. Du haut du belvédère de la tour olympique il voit, étendu à ses pieds, son cher «quartier», limité au Sud par la ligne bleue des montagnes par dessus lesquelles les glaciers du Tyrol risquent un regard curieux, drapé d'un blanc étincelant; au Nord, ses frontières se perdent dans les champs de houblon de la Holledau et derrière, quelque part dans la vallée fertile de la Basse-Bavière, il sent la présence du grand fleuve, du Danube.

On en veut çà et là aux Bavarois qui, en plus des poteaux de frontière fédéraux déjà existants, plantent encore les leurs surmontés de l'inscription «Etat libre de Bavière». En fait, alors que cela veut simplement dire que la Bavière dispose d'une constitution républicaine, on nous soupçonne de vouloir vivre dans l'indépendance. Mais le voulons-nous vraiment? Tout au plus lorsqu'une fois encore on nous aura, à la faveur d'une nuit de brouillard, coupé et volé un de ces beaux poteaux frontière bavarois.

Qu'on nous laisse, de grâce, ces dernières survivances d'une souveraineté passée qui nous remplacent couronne et sceptre. Plus nos rois s'éloignent dans le temps et plus nous apprenons à les apprécier. Ce Louis Ier, que nous avons contraint à l'abdication à cause d'une innocente amourette avec une danseuse espagnole, nous le vénérons aujourd'hui en tant qu'«architecte royal de Munich» et aucun Ministre-Président de Bavière a jamais été plus populaire que son petit-fils, le deuxième Louis qui, au lieu de mettre des enfants au monde, ne lui légua que châteaux et dettes.

Les «rois» ont construit leurs châteaux aux endroits se prêtant le mieux aux loisirs: au pied des montagnes, au bord des lacs. Ils pensaient chasse et pêche, dans le cadre où nous pensons excursions, alpinisme, natation et voile. On dit que de toutes les villes allemandes, c'est Munich qui offre le plus de possibilités de passer ses loisirs, certainement pas en raison des trésors que renferme le Musée allemand ou l'Ancienne Pinacothèque, mais bien plus à cause des véritables

«objets précieux» qui s'étalent aux portes de la ville et qui ont nom: forêts et collines, lacs et montagnes, villages idylliques et style baroque et enfin, flottant dans l'air au milieu de tout cela, la «bavarian way of life», sereine et décontractée, avec son carnaval et sa Fête d'Octobre, sa mousse de foie et ses orchestres de cuivres, ses promenades en radeau sur l'Isar et son jeu de palet sur glace, ses auberges de montagne et ses pistes de ski.

Trente mille immigrants succombent tout les ans à cette fascination et le jour où ils nous demandent s'ils peuvent se permettre, bien que n'étant pas autochtones, de porter le costume bavarois, on sait qu'on peut désormais les compter parmi les Bavarois d'adoption.

C'est au Sud que vous trouverez le plus célèbre des paysages munichois et si vous cherchez un guide pour vous y rendre, il vous suffit de suivre l'Isar, «fille alerte du mont Karwendel», comme on l'appelle dans les manuels scolaires bavarois. Elle n'a pas encore quitté la grande ville qu'il émane déjà d'elle ce charme campagnard, cette fraîcheur naturelle qu'elle communique à ses berges boisées; elle transmet le bonjour du monastère de Schäftlarn et de la prairie de Puppling, de Bad Tölz, de Mittenwald et des montagnes tyroliennes d'où elle s'est précipitée dans la vallée.

Ah ces montagnes, ces préalpes! L'auteur doit s'imposer ici la modération. Gracieux, propres, fiers, pleins d'allant, charmants, autant de qualificatifs qui montent en lui lorsqu'il songe aux bourgades et aux villages, aux fermes isolées avec leurs géraniums sur les balcons et les terrasses, à la trinité que forment le clocher à bulbe, le mai et l'auberge, à la pâle silhouette de la Zugspitze qui domine le Würmsee et l'Ammersee, au sentier escarpé qui mène du mont Herzogstand au mont Heimgarten, ou au mur de la cabane auquel on s'appuie, le soleil de mars dans les yeux et le bruit du ruissellement de la neige fondante dans les oreilles.

Il serait certes erroné de vouloir protéger le paysage sous une cloche de verre. Pour la Bavière, l'industrie est dorénavant vitale, à une époque qui contraint un nombre sans cesse croissant de paysans à gagner leur vie grâce à des à-côtés ou même à abandonner la terre. Raffineries de pétrole, construction mécanique, industrie automobile, verreries, extraction du minerai de fer, gaz naturel, usines, centrales électriques, industries de transformation du bois, brasseries rurales… autant de nouvelles branches et de jeunes pousses qui grandissent sur le vieux tronc d'arbre nourricier, essentiellement en Bavière du Nord.

C'est en suivant le cours de l'Isar vers le Nord que se concrétise la scène. Alors qu'on pouvait croire, au Sud de la capitale bavaroise, que la nature a monté les coulisses pour une pièce de braconnier, les grands gestes font ici place à une façon de voir beaucoup plus sobre.

Le sentiment d'extériorisation s'estompe au profit d'un plus grand sens du pratique.

Cette Basse-Bavière peut aussi ressembler à un livre d'images. Au vert clair des prairies et à celui, plus foncé, des forêts se mêlent les couleurs chatoyantes du blé. Ce pays fertile est le grenier de Munich, il est le sol d'où viennent le malt et le houblon que les brasseries utilisent pour la fabrication de la célèbre bière bavaroise. Celui qui sillonne cette contrée en voiture, de colline en colline, aura l'impression d'être un capitaine sur son vaisseau courant de lame en lame, à travers les prairies, les forêts et les champs où s'affairent les hommes et où paît le bétail, traversant hameaux, villages et marchés avant de retrouver la plaine du Danube et, au loin, les vertes vagues de la forêt bavaroise.

Il faut avoir vu ces bourgades dans leur confiante aisance avec, au centre, la grande place du marché, ses brasseries et l'empressement modéré qui y règne, pour comprendre toute la Basse-Bavière. «Nous sommes ce que nous sommes» semblent dire ces centres ruraux, et l'étranger auquel on ne réclame que trois Mark pour un rôti de porc acceptera volontiers ce franc-parler.

Ce sont des Bavarois qui vivent en Bavière, n'en déplaise à certains «immigrants» qui s'en plaignent parfois. A Munich, les correspondants de journaux «étrangers» (entendez par là non bavarois), croient bien connaître les Bavarois: originaux et catholiques mais aussi (hélas!) butés, lourds et rétrogrades. D'ailleurs, écoutez un peu: ces «gens» portent des culottes de cuir serrées dans le bas à l'aide d'un lacet ou bien, horreur, montrant le genou tout nu. Quand ils ne sont pas justement en train de priser ou de manger des «Knödel» (sorte de boulettes de viande), ils chantent une tyrolienne devant des parois rocheuses qui leur renvoient sept fois l'écho.

Mais comment sont-ils vraiment, ces Bavarois? Un ministre bavarois les prétend vifs, brutaux et sentimentaux. Le jugement d'un ministre bavarois n'est cependant pas parole d'évangile encore que l'on ne puisse nier qu'il y ait des Hambourgeois, des Français, des Rhénans et donc certainement aussi des Bavarois qui soient vifs, brutaux et sentimentaux.

Il faut partir du principe que les habitants de la Frise-Orientale et les Bavarois n'ont pas le monopole des défauts et que l'on peut, sans crainte, se représenter ces défauts uniformément répartis sur le sol allemand. Un point cependant pourrait bien être juste: les vieux Bavarois et les Souabes, en particulier, se distinguent nettement de toutes les autres souches allemandes; peut-être cela vient-il d'un soupçon de sang celtique dont l'origine remonte à la conquête du pays, lorsque les actuels Bavarois et Souabes émigrèrent et se mélangèrent avec les premiers occupants des lieux.

Sensuel, fier, colérique (donc tout de même brutal?) adroit dans les métiers manuels, gros buveur, gros mangeur, fêtard né, individualiste ennemi de l'autorité et de toute forme de pouvoir, tel est le Celte et, au fond, à un moindre degré, le vieux Bavarois, cousin germain du Français et de l'Irlandais.

Alors que tout et toute chose est exposé ici-bas à une mutation rapide, le Bavarois reste conservateur. Où, en dehors de la République fédérale, peut-être à l'exception des régions de langue alémanique, tient-on encore tant au vieil héritage de la langue, où la musique populaire et le costume régional sont-ils aussi soigneusement entretenus, où donc les coutumes sont-elles plus vivantes? Le fond de conservatisme, tant moqué par ailleurs et hâtivement qualifié de lourdeur a laissé au Bavarois de nombreuses racines grâce auxquelles il puise encore, même en notre époque bouleversée, la sève porteuse de solidité et de sérénité.

«Il reste volontiers chez lui et ne s'enfonce jamais loin en pays étranger...» écrivait, au XVIe siècle, l'historien bavarois Aventin parlant de ses compatriotes; on pourrait ajouter aujourd'hui: ...tout au plus trois semaines au bord de la Méditerranée, mieux, en Styrie ou dans le Tyrol du Sud proches parents de la Bavière. A part cela, la plupart des clichés sont faux. Les Bavarois ne portent que très rarement des jabots, des couteaux à lame fixe et des grosses chaussettes et sur mille d'entre eux, un seul peut-être saura chanter la tyrolienne ou jouer de la cithare. Pour être un bon Bavarois, il n'est pas besoin d'uniforme de cuir ou de loden: un costume en laine peigné, une cravate et des boutons de manchettes font aussi bien l'affaire. «Vivre et laisser vivre», voilà l'essentiel de l'idéologie bavaroise; conserver sa personnalité et respecter celle des autres c'est au fond ce qui rend la vie douce à tout le monde en Bavière.

«Un peu d'amour, un peu de fidélité et un peu d'hypocrisie, il faut de tout pour faire un monde» ... c'est en tout cas, à peu de chose près, ce que prétend un quatrain bavarois, un «Gstanzl» comme l'on dit chez nous. Un peu d'amour, c'est la petite Kathi qui, pour rien au monde, ne céderait sa bonne vieille ferme. Un peu de fidélité, c'est vouloir la vendre quand même à un couple Munichois qui vient depuis des années s'y reposer dans la fraîcheur de l'été. Et un peu d'hypocrisie, c'est passer simultanément une annonce dans trois grands quotidiens Ouest-allemands pour vendre sa chère «petite affaire».

Mais qui songerait à s'en affecter: les enfants de ces deux heureux «Prussiens» qui habitent maintenant la petite maison de bois où il fait si bon vivre seront prêts, un jour ou l'autre à monter sur les barricades pour défendre la Bavière, comme d'authentiques «Obergiglberger»!

Das Dorf und die Berge sind die Glanzpunkte des bayerischen Oberlandes. Ein Menschenschlag hat hier seine Heimat, der tief in dieser rauhen, aber Herz und Gemüt bewegenden Umwelt wurzelt und der sich seine Gelassenheit trotz eines Massenansturms von Gästen aus aller Welt bewahren konnte.

Le village et les montagnes constituent les attraits principaux de l'Oberland bavarois. C'est ici la patrie d'une race d'hommes profondément enracinés dans ce milieu rude mais touchant le cœur et l'âme, et qui ont su conserver leur sérénité en dépit du rush des touristes venus du monde entier.

The village and the mountains are the stars of the Bavarian hills country. A race of people deeply rooted in this rugged but cordial and inspiring atmosphere calls this their home. People who maintain their composure despite the massive invasion of guests from all corners of the world.

Herbert Schneider

Land and People around Munich

Munich is in Bavaria, and the citizens of Munich, if they are really that, are aware of their double good fortune: first of all of being a son or daughter of this much-praised city, and then an equal honor indissolubly connected with it, of being able to wave the blue and white banner, of being a Bavarian.

When he speaks of Bavaria, the Münchner thinks only remotely of the vineyards along the Main (although he does appreciate the wine in the green stubby Bocksbeutel bottles) or of the romantically dreamy small towns of Franconia and Swabia, and when he does hear of their medieval charm, he is always slightly astonished. His Bavaria lies so to speak in his own backyard, and sometimes when the föhn transports the countryside magically into the city, he can reach out and grasp his own, his native land. And from the observation platform of the Olympic Tower he can see his beloved stamping grounds spread out at his feet. To the south it is shielded by the broad blue bulwark of mountains and there peering over the ramparts in curiosity and envy are the Tyrolean glaciers. To the north his boundaries glide through the hops country of the Holledau and he is dimly aware that somewhere beyond the Danube flows majestically through the fertile plains of Lower Bavaria. Some people elsewhere are annoyed that Bavarians set up their own boundary markers right alongside the Federal German ones bearing the legend "Free State of Bavaria". All we want to proclaim here is that this state has a republican constitution, and they suspect we would like to be free from them. Do we really? Well, perhaps, but only then when they under the cover of darkness stealthily knock over one of our lovely Bavarian boundary posts and take it home with them.

Please let us keep these very last remnants of our erstwhile sovereignty which have to serve in lieu of crown and scepter. The more remote our kings become, the more we appreciate them. The first Ludwig, whom we forced to abdicate because of a silly affair with a Spanish dancer, is now revered by us as the "Royal Architect of Munich", and his grandson, the second Ludwig, who instead of heirs left castles and debts to the world, has achieved a popularity far beyond that of any Bavarian Minister President.

And wherever the recreational quotient has its highest value, kings have built their castles: at the foot of the mountains and on the shores of the lakes. They thought in terms of hunting and fishing where we dream of hiking and mountain climbing, of swimming and sailing. Munich's recreational index tops that of all other German cities, and certainly not just because of the treasures of the Deutsches Museum or those in the Alte Pinakothek, but rather thanks to the gems lying just outside the city gates: forests and hills, lakes and mountains, baroque splendor and village rusticality, and running like a thread through it all

that informally merry Bavarian way of life with Fasching and Oktoberfest, Leberkäs and brass bands, raft trips and curling, the serenity of a mountain top successfully scaled and the thrill of downhill skiing. Thirty thousand immigrants to Munich succumb to this fascination year after year, and when they ask us one day whether they might, even if not aborigines, wear a native peasant suit or a dirndl, it is easy to recognize that from then on they are part of us as "New Bavarians". Munich's prize countryside lies in the South and anyone looking for a signpost need only follow the Isar, that lively daughter of the Karwendel, as the river is called in Bavarian school readers. Even within the confines of the big city she still radiates her country charms and her natural freshness on the wooded bluffs and conveys greeting from Schäftlarn Abbey and the Pupplinger Au, the riverbank reserve for plants and animals now found almost nowhere else, from Tölz, the epitome of picturesque Bavarian market towns, from Mittenwald, where violins are still made by hand, and from the Tyrolean Alps from whose heights she leaps young and fresh to the valley below.

Yes, these mountains, this countryside lying at the foot of the Alps! The author must exercise restraint. Words such as lovely, neat, proud, dashing, graceful, well up in him when he thinks of the market towns and villages, of the farmhouses with their brilliant geraniums on the balconies, of the trinity of the onion-shaped cupola, Maypole and tavern, of the faint silhouette of the Zugspitze hovering over the Würmsee and the Ammersee, of the perilous mountain ridge leading from the Herzog-stand to the Heimgarten, or of the wall of the mountain cabin where lazing in the warm March sun he can listen to the cheerful trickle of the melting snow from the roof.

Thirst for profit has attempted and still tries here and there to subject this landscape to a yoke of concrete. But where false prophets of progress think of profits, tax revenues and prestige, the country people remember ecology and their future, and often successfully veto such projects.

Naturally it would be wrong to clap a cheese cover over the land. Industry is vital for Bavaria at a time when more and more farmers are compelled to seek supplementary income or to give up farming completely. Oil refineries, machine and vehicle construction, glassworks, iron ore extraction, natural gas, chemical plants, power plants, craft and woodworking industries, country breweries – strong new branches and twigs have grown onto the sturdy old tree – mostly in northern Bavaria. When you follow the course of the Isar to the north, the scene becomes more and more utilitarian. To the south of the capital you could easily believe that nature had purposely created the backdrops for one of those romantic, blood-curdling poacher dramas which still thrill theater-

goers, but here in the North the theatrical recedes and everything becomes more sober and smug. The feeling for externals decreases and the practical aspects of life come to the fore.

Take the farmhouse, for example: in the hill country to the south it stands there as if posing for a picture postcard, pleasant to behold with its overhanging roof, flowers, carved wooden balconies and gaily colored paintings on the outside walls. The further the Alps sink into the background, the more the farmhouse becomes a stronghold of work, four-square, solidly powerful, but often somewhat neglected. The house here is no pampered child, but rather a sturdy servant.

But even this Lower Bavaria can turn into a picture book landscape. To the light green of the meadows and the deep hues of the forest, the warm tones of the fields of grain provide a friendly and harmonious contrast. This fertile countryside is Bavaria's breadbasket, the soil on which "hops and malt" thrive to become later in the brewing vats the renowned Bavarian beer. Drive through this country with a car rolling from hill to hill and you will feel like a captain on a ship's bridge observing the endless waves as they roll by foamed with people and cattle, with hamlets, villages and market towns, meadows, forests and fields, until you reach the Danube flats and then beyond them again the dark green waves of the Bavarian Forest.

One must see these market towns in their self-confident prosperity, centering on the spacious market place with its breweries and its right mixture of business and sociability, in order to understand the whole of Lower Bavaria. "We are what we are", these rural centers proudly proclaim, and the stranger who pays only 3 marks for his generous platter of roast pork with dumplings takes no offense at this kind of boasting.

Bavarians live in Bavaria, even though this fact is sometimes lamented by the immigrants. Munich correspondents of non-Bavarian newspapers can give a fairly accurate description of Bavarians: original and Catholic, but unfortunately also stubborn, coarse and backward. Why just imagine, the "Seppls" there wear leather pants which are either fastened at the bottom or expose their awesome naked knees. When they are not inhaling snuff or consuming dumplings, they yodel in front of rocky cliffs which return a sevenfold echo. Outside Bavaria such colorful reports always go over well, and when it is added that in the mountains the favorite sport right after finger-wrestling is the blood feud, then thousands (many thanks, dear image creators) again order with a welcome shudder of anticipation their summer quarters between Oberstdorf and Berchtesgaden.

One ought to assume that bad features are not confined to East Frisia and Bavaria, but are fairly distributed over the entire German Fatherland.

One thing may be true, however: the "old" Bavarian (inhabitant of traditional Bavaria within the borders prior to 1806 when the kingdom increased in size and population considerably) and the Swabian are types distinctly different from the other German tribes, and this may be due to an admixture of Celtic blood which occurred when they conquered the land and settled down alongside the original inhabitants. Sensuous, proud, irascible (so, brutal after all), skilled in the manual arts, great eaters and drinkers, the born celebrants, and in addition individualists suspicious of all authority – put these qualities together and you have a Celt and also something of an "old" Bavarian, a cousin twice-removed of the Breton and the Irishman.

Where everywhere else everything is subject to rapid change, the Bavarian still clings to his conservatism. Where else other than in South Germany is there so much attachment to the traditional language, where are folk music, folksongs and traditional costumes still so much a part of daily life? Where are costumes still so alive? Conservatism, scoffed at by others as melancholy, has given the Bavarian deep roots from which he obtains strength and security in this age of uncertainty. "Is a stay at home and doesn't like to travel..." so described the Bavarian historian Aventin his countrymen in the 16th century, to which we could add for the 20th century "except for three weeks vacation by the Mediterannean or preferably in Styria or South Tyrol where he will meet more of his own". Otherwise most of the clichés are false. It's only very rarely you will encounter a Bavarian with a goiter, a long knife or calf-socks, and perhaps one in a thousand masters yodelling or zither playing. He doesn't need a uniform of leather and rough wool, he can be just as good a Bavarian in a business suit with necktie and cuff links. "Live and let live" is a part of the Bavarian philosophy; preserving their own peculiarities and gently tolerating those of others, that's what makes it so easy to live with Bavarians in Bavaria.

"A little bit of love, a little bit of loyalty, a little bit of deceit, are all there." That's the message of a Bavarian quatrain, called Gstanzl here. A little bit of love, that's when the old Katie wouldn't part with her old farm-house for anything in the world. A little bit of loyalty, that's when she offers it for sale anyhow to a Munich couple who have been spending the summer with her for decades. And the little bit of deceit? Katie advertises her property simultaneously in three major West German newspapers.

This little bit of deceit is worth the trouble if it brings in 20,000 marks more for Katie. But who should become disturbed by it: the children of these two happy "Prussians" (read anyone from north of the Main River) who now live in the cozy old wooden house will one day as genuine Bavarians storm the barricades for their Bavaria.

Wer jemals von Deutschlands höchstem Berg aus, der fast 3000 Meter hohen Zugspitze, auf das Voralpenland schaute, wird dieses Land der Bayern lieben, seine Bewohner vielleicht auch verstehen lernen. Bayern reicht entlang der Alpenkette von Berchtesgaden bis Lindau und nach Norden über den Main hinaus.

Quiconque a jamais contemplé, du haut de la Zugspitze d'une altitude de près de 3000 mètres, la plus haute montagne d'Allemagne, l'avant-pays alpin, aimera ce pays et apprendra peut-être à comprendre ses habitants. La Bavière s'étend le long de la chaîne des Alpes, de Berchtesgaden à Lindau et vers le nord jusqu'au-delà du Main.

Anyone who has ever looked out on the countryside at the foot of the Alps and even further from Germany's highest mountain, will love this land forever, and perhaps even understand its people. Bavaria stretches along the chain of the Alps from Berchtesgaden to Lindau and northwards well beyond the Main River.

Inhalt
Sommaire
Contents